유튜브 누적 조회수 2,000만 달성!

유튜브로 주식투자

이상투자그룹 지음

10일 완성!

이상미디어
LEESANG MEDIA CORPORATION

초판	1쇄 발행 2019년 3월 11일
	2쇄 발행 2019년 4월 3일
지은이	이상투자그룹
제작	이상우, 장지웅
기획 및 책임편집	손정호, 전미리
펴낸곳	㈜이상미디어
인쇄	현대문예
출판등록	2018년 10월 23일
주소	서울시 영등포구 여의나루로 57 17층
전화	02-6952-2492
이메일	esangbook@lsinvest.co.kr
정가	16,000원
ISBN	979-11-965244-1-8 (03320)

본 책에서 제공하는 정보는 투자판단에 대한 참고용일 뿐,
실제 매매 시 모든 투자판단에 대한 책임은 독자에게 있습니다.

11만 구독자가 감동한 이상투자그룹 유튜브 채널

조선일보, 동아일보가 인정한 **2018 올해의 브랜드 대상 수상**
중앙일보가 인정한 **2019 소비자선정 최고의 브랜드 대상 수상**

주식정보업계에서 빠른 성장과 영향력을 행사하고 있는 이상투자그룹은 현재 트렌드에 맞게 유튜브 콘텐츠를 무료로 제공하고 있으며 구독자 11만 명, 누적 조회수 2,000만, 30만 유·무료 회원을 보유하고 있습니다.

눈부신 성장의 이유였던 수많은 유튜브 구독자들의 생생한 후기를 확인하세요!

April**   2개월 전
늘 밝고 활기차셔서 듣는 사람까지 기분 좋게 해주시네요~ 디알젬 보고 어버버 사야하나 말아야하나 하고 있었는데 앞으로 급등주 이 방법으로 공부해 볼께요! 꿀팁 주셔서 감사합니다!!

답글 · 3 👍 👎

hyun young k**   2개월 전
자극적인 소재로 후킹하지 않고 늘 진심을 담아 좋은 정보 주셔서 많은 도움 받고 있습니다^^

답글 · 2 👍 👎

Joan K**   5개월 전
차~암 감사해요. 좋은 강의 너무 감사드려요. 주식투자를 어디서 배울수 있나 걱정했는데 개선 선생님 강의 보고 너무 재밌게 잘 배우고 있어요. 다시 감사^^ 꾸벅

답글 · 👍 👎

Lesley J**   8개월 전
진실한 열정으로 주식강의 마음을 얻게합니다.수많은 사기성 자기이익을 탐익하는 자들과 완전 구별됩니다.

답글 · 👍 👎

Angela J**   3주 전
수익 인정 인정! 회원가입후 열심히 전문가님 강의 들으며 차근차근 수익 찾아가고있습니다. 항상 노력하시는 전문가님~ 존경합니다~^^

답글 · 1 👍 👎

유튜브 구독자들의
리얼 감동 리뷰!

🖉 혼자 책만 보면서 공부하기 막막했는데... 무료로 이런 퀄리티의 강의라니요...
복 받으실 거에요. 감사합니다!! _ J**

🖉 예를 들어 설명해주시니 이건 앞으로 안 까먹을 듯. 대박 감사합니다. _ **Do what you want to ****

🖉 우리 서쌤은 설명도 귀에 쏙쏙 들어오게 너무 잘하세요^^ 항상 감사드립니다.
기초 강의 많이 부탁드려요. _ 박**

🖉 이런 강의 자주 부탁드립니다. 지수가 많이 하락한 시점에서 정말 유용한 강의네요.
매주 금욜마다 전문가님 방송 꼭 챙겨보고 있습니다. _ 이**

🖉 이 영상 진짜 핫 베스트 영상으로 꼽힐 만한 최고의 가르침!!!
호가창에 호짜도 모르던 저에게 쉽게 알려 주셔서 너무 감사했던.. _ 안**

🖉 설명을 참 잘해주시네요. 웬만한 전문가보다 더 잘하시네요.
나이가 있어 이해를 잘 못 했는데 쉽게 이해가 되네요. 감사합니다. _ 곽**

🖉 진심 잼있게 보고 공부하고 했습니다. 어쩜 그렇게 귀에 쏘옥 들어오게 말씀해 주시는지... 제 것이 될 때까지,
익숙해질 때까지 보고 또 보겠습니다. 감사합니다. 늦었지만 상 받으신 것 축하드립니다. _ 돈화**

🖉 많은 강의 잘 듣고 있습니다. 강의 내용도 너무 좋지만 늘 재밌게 설명해주셔서 공부도 하고 기분도 좋아져요.
해피 바이러스세요. 감사합니다.♡ 팬이에요!!!!! _ 고**

🖉 아 솔직히ㅋㅋ 너무 유쾌하게 잘 봤습니다. 주식 정말 잘 모르는 초보인데
오늘 배운 4박자는 이해가 쏙쏙 되네요. 말씀하시는 내용에 맞는 적절한 예시와 함께 설명해주셔서
더 도움이 되는 것 같습니다. 감사합니다!!! 뿜뿜! _ 선**

🖉 왕초보인데 1탄부터 5탄까지 들으면서 많은 도움 되었습니다.
이상우 대표님의 열정이 그대로 느껴지는 명강의 너무 잘 들었고 감사드립니다. 따따따봉 _ 오**

✒ 이걸로 20, 60일선 골든크로스한 종목들만 골라서 정배열 초기 요건들로 분석하는 연습 해보니
이제 좀 알겠네요! 정말정말 감사합니다! 엄청난 비기를 하나 터득하고 갑니다!ㅎㅎㅎ _ 모**

✒ 유튜브에서 주식 검색하면 1위로 나오는 개선선생님ㅎㅎ 오늘도 돌파매매 열정 강의 멋지십니다! 감사 _ 안**

✒ 완전 이런 고급 강의가 무료라니 신기합니다. _ 안**

✒ 대표님의 분석과 설명을 듣고 솔직히 반신반의하며 이번에 주식 좀 샀습니다.
그러더니 정말 반등 때가 오네요. 고맙습니다. _ Hyeon s**

✒ 역시 개선선생입니다. 종목만 알려주시는 전문가가 아닌 주식 강의 쌤이
되어주셔서 앞으로 저 같은 주식 초보자들에게 빛이 되어주셨으면 좋겠습니다~~♡♡ _ 꽃다은**

✒ 쉽게 설명해주셔서 감사합니다. 쉽게 설명하셨다는 것은 해박한 지식을 겸비한 전문가라는 의미일 텐데,
멋진 설명 감사드립니다. 항상 평안하세요~ _ MS P**

✒ 평소에 단타를 즐겨 하는 사람인데 좋은 기법을 알려주셔서 감사합니다.
내일 실전에서 써먹어 보겠습니다! _ JAY**

✒ 넵 감사합니다. 정말 진정성이 느껴집니다. 덕분에 꾸준히 수익 잘 내고 있습니다.
건승하세요~ 이상투자그룹 화이팅!! _ 홀**

✒ 진실한 열정으로 주식 강의 마음을 얻게 합니다.
수많은 사기성 자기이익을 탐익하는 자들과 완전 구별됩니다. _ Lesley J**

✒ 전문가님 정말 대단하신 거 같아요! 어떻게 영상 나온 다음 다 오르는 거죠?
미래에서 오신 건가요?^^ 감사드려요^^ _ sw y**

✒ 개선선생님! 최고입니다! 작은개미, 큰개미가 다 알아들을 수 있고, 이해가 되는 학습! 최고 최고입니다. _ 첫**

✒ 주식의 주자도 모르고 십년간 주식해서 손실만 봤어요ㅠ 얼마 전 우연히 본 강의에 홀딱 빠져 매일 보고 있습니다.
찍어주신 BTS 관련주로 수익이ㅎㅎ 감사드려요~~ 급등주 강의 대박이에요~
앞으로도 열심히 듣고 공부하겠습니다^^ _ 이**

✒ 알고 계신 노하우를 아낌없이 나눠주셔서 저 같은 초보는 뭐라 감사드려야 할지 모르겠네요.
진심으로 감사드리고요. 항상 건강하시고 좋은 일 가득하시길 기원합니다^^ _ 희**

✒ 개미의 선구자님~~ 사랑해요^^ 이상우 전문가님의 방송은 꼭 챙겨봅니다. 초보자에게도 내용이 쏙쏙~~
진심과 열정이 느껴지네요~ 앞으로도 슈퍼개미가 되는 그날까지 함께해 주세요!! _ 한**

프롤로그

2018년 2월 7일, 유튜브 채널을 개설했고, 다음 날인 8일에 첫 동영상을 업로드 했다. 하지만 반응은 미약했다. 첫 영상의 조회수는 겨우 1,000회에 그쳤고, 구독자수 또한 미미했다. 하지만 꾸준한 업로드와 이상투자그룹 최고 전문가들의 피와 땀이 녹아든 고 퀄리티의 영상 콘텐츠가 입소문을 타면서 폭발적인 반응이 일어났다. 그 어디에도 존재하지 않던 주식 교육에 대한 영상 콘텐츠가 수많은 투자자의 희망과 등불이 되기 시작한 것이다.

2019년 현재, 유튜브 채널을 개설한 지 1년 남짓한 시점에 이상투자그룹 유튜브 채널은 구독자수 11만 명 및 누적 조회수 2,000만 회를 달성하였다. 주식 관련 유튜브 채널에서는 전무후무한 기록이며, 이를 바탕으로 조선일보, 중앙일보, 동아일보가 인정한 소비자선정 최고의 브랜드 대상 3관왕에 빛나는 영예를 얻었다.

주식 불모지인 유튜브에서 눈부신 영광을 일궈냈지만 이상우 대표는 고민을 멈추지 않았다. 15분 내외의 짧은 영상만으로는 뭔가 부족했다. 더욱 유익하고, 실질적인 내용을 모두 담기에는 물리적 한계가 있고, 이는 이상우 대표의 갈증을 불러일으키기 충분했다. 유튜브 영상의 한계점을 보완하고, 더욱 양질의 주식 콘텐츠를 제공할 수 있는 무언가가 필요했다.

그렇게 고민 끝에 얻은 해답이 바로 이 책, 『유튜브로 주식투자 10일 완성!』이다. 이상투자그룹의 유튜브 채널에 업로드 된 영상들은 최고의 퀄리티를 자랑한다. 이 영상들 중에서도 엄선하고 또 엄선한 고품격 영상을 모아 이 책을 출간한다.

이 책에는 영상에서 미처 설명하지 못한 내용을 추가했을 뿐만 아니라 초보자도 쉽게 이해할 수 있도록 용어 설명을 추가했다. 또한 독자의 이해를 돕기 위해 QR코드를 수록하여 유튜브 영상을 함께 볼 수 있도록 했다. 책과 영상을 함께 활용함으로써 쉽고 재밌는 주식 공부법을 제공한다. 각 챕터별로 난이도를 표시하였고, 이를 통해 독자의 수준에 맞는 내용을 순서대로 골라 활용할 수 있도록 하였다. 다양한 난이도로 구성했기 때문에 주식 초보자부터 고수까지 모두 이 책 한 권으로 자신의 투자 실력을 한 단계 업그레이드할 수 있다.

『유튜브로 주식투자 10일 완성!』은 이상투자그룹 최고 퀄리티의 유튜브 영상을 엄선하여 출간한 첫 책이다. 이상투자그룹의 유튜브 채널에는 지금 이 순간에도 영상이 업로드 되고 있다. 따라서 이 책이 출간된 후에도 새롭게 업로드 될 영상을 엄선하여 더욱 업그레이드된 『유튜브로 주식투자 10일 완성!』 2편으로 찾아뵐 예정이다.

이 책이 수많은 개미들의 등불이 되었으면 한다.

**당신의 주식멘토
이상투자그룹 전문가진 드림**

이렇게 활용하자

 챕터 1. 개미가 세력을 이기는 방법 1탄 [주식하는 법]

유튜브 연결하기

QR코드로 영상 보는 법 p.114 참조!

① 유튜브 연결하기

챕터 내용을 다룬 영상을 바로 확인할 수 있도록 QR코드를 수록했습니다.

최고의 전문가들이 알려주는 주식 이론 강의를 QR코드로 쉽고 간편하게 시청해 보세요.

주식을 잘하는 사람과 못하는 사람의 차이는 무엇일까요? 한국의 개미(개인투자자)는 주가가 하락하면 무조건 투매를 하고, 그때 기관들은 주식을 매수합니다. 반면에 미국의 개미(개인투자자)는 어떨까요? 투매가 발생할 때 기관이 아니라 오히려 스마트한 개미들이 먼저 주식을 매수합니다. 이것이 바로 현명한 투자인 것입니다. 여러분이 세력을 이길 수 있는 3가지 방법! 오늘은 이 내용에 대해 정리하는 시간을 가지겠습니다!

이상우
이상투자그룹
현) 수석 전문가

▶ 세력을 이기는 첫 번째 방법, 시간 🕐 2분 20초에서 바로 확인

② 영상 시간 바로 확인

본문 내용이 나오는 영상의 시점을 기재하여 영상을 볼 때 시청을 원하는 부분만 빠르게 확인할 수 있습니다.

세력은 늘 시간이 부족합니다. 시간 안에 수익을 내야 하기 때문입니다. 그러나 우리는 세력은 급하지만 우리는 급하지 않은 것이죠. 세력을 이기기 위한 유일한 카드는 비

세력은 주가를 올리거나 내리기 위한 작업을 위해 여러 가지 방법을 동원합니다. 2개월 전부터 변화가 나타나게 됩니다. 자동차도 지나가면 타이어 자국이 남듯, 세력도 흔적을 남기는 것이죠. 그 흔적은 무엇을 뜻하는 걸까요? 바로 거래량입니다. **거래량은 개인투자자를 속일 수 없습니다.** 거래량을 확인하고 선취매해서 기다려야 합니다!

**알아
두기**

투매: 주가 하
세력: 주가의 락이 예상될 때, 이로 인한 손실을 최소화하기 위해 대량으로 파는 것을
합니다. 보통 흐름에 직접적인 영향력을 행사할 수 있는 자본이나 투자기술, 정보력을
선취매: 흔히 기관과 외국인이 이에 해당합니다.
입하는 호재 등의 요인에 의하여 주가가 상승할 것으로 예상되는 경우에 주가가 상
것을 말합니다.

③ 알아두기

주식 초보자도 걱정 없게 만드는 초보자만을 위한 용어설명을 수록했습니다.

굳이 주식 용어 사전을 찾지 않아도 이 책 안에서 모든 내용을 이해하실 수 있습니다.

④ 영상 이미지

굳이 영상을 찾아보지 않아도 해당 영상의 이미지가 수록되어 있어, 책만 읽어도 영상을 본 것과 같은 효과를 볼 수 있습니다.

또한 말풍선의 내용을 확인하여 영상에서 중점적으로 다룬 내용을 한눈에 확인할 수 있습니다.

⑤ 관련 영상 바로 확인

해당 본문과 영상에서 설명해주지 않는 내용 중 중요한 내용과 관련된 유튜브 영상 QR코드를 추가로 수록했습니다.

하나의 챕터에서 여러 가지 영상을 한번에 확인하실 수 있습니다.

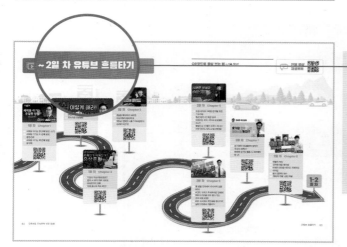

⑥ 유튜브 흐름타기

각 일 차 내용이 끝나면 해당 일 차에서 다룬 내용을 한눈에 볼 수 있는 흐름 지도를 수록했습니다.

지도를 보며 배웠던 내용을 상기시켜 보세요. 전체 영상 재생목록 QR코드를 확인하여 순서대로 학습하실 수 있습니다.

이상투자그룹 유튜브 채널 소개

이상투자그룹
구독자 107,139명

구독 10만

홈   동영상   재생목록   커뮤니티   채널   정보

주천 채널
이상스쿨

주식정보업 업계 1위 YOUTUBE 구독자 10만 명 달성

[업계 1위] 주식 유튜브 최초, 개설 1년 단기간 구독자 10만명 달성
이상투자그룹 · 조회수 2.8만회 · 1주 전

구독자 여러분의 성원에 힘 입어 저희 이상투자그룹이 1년 이한 단 기간 만에 구독자 '10만명'을 달성하게
되었습니다 새해에는 '주식에 대한 모든 것'이라는 테마를 갖고 초보, 중급, 고급을 아우르는 양질의 컨텐

10만 명달성
0:44

[주식단타] 무조건 가는 종목 & 이슈   ▶ 모두 재생

[주식] 딸 파서 10억 나오는 방 | [주식] 3월 상승금융주를 잡아 | [주식] 지금까지 이런 계약바 | [주식] 1000% 가는 종목은? | [주식] 10억 터진다! 2019년
앙 알아야 돈 벌지 3월 매매 ... | 라 | 급별진 전문주들! 이상투... | 이오주는 없었다 대박류독... | 국 관련주를 주독하라! 강죽... | 10배 터지는 종목 잡아라! |
이상투자그룹 | 이상투자그룹 | 이상투자그룹 | 이상투자그룹 | 이상투자그룹
조회수 3.9만회 · 22시간 전 | 조회수 1.6만회 · 1일 전 | 조회수 2.7만회 · 4일 전 | 조회수 2.4만회 · 4일 전 | 조회수 3만회 · 6일 전

[주식 테마주] 앞으로 날아 오를 유망 섹터   ▶ 모두 재생

[주식] 딸 파서 10억 나오는 방 | [주식] 1000% 수익 지금부터 2 | [주식] 새로운 테마의 통점! 정 | [주식] 1000% 수익을 내는 진 | [주식] 수소차 테마의 꿈은 어
앙 알아야 돈 벌지 3월 매매 ... | 월 대멀리를 잡아라! 이통장... | 부 SOC의 20조 투자 새로운... | 짜 비기 5대 테마를 잡아라 I... | 디인가? 수소차 2차 랠리를... |
이상투자그룹 | 이상투자그룹 | 이상투자그룹 | 이상투자그룹 | 이상투자그룹
조회수 3.9만회 · 22시간 전 | 조회수 7.2만회 · 1주 전 | 조회수 1.7만회 · 3주 전 | 조회수 3.3만회 · 3주 전 | 조회수 6.4만회 · 1개월 전

[주식기초강의] 초보투자자를 위한 기초 강의   ▶ 모두 재생

[주식] 부동산은 끝났다? 주식하 | [주식] 이것만 보세요! 10분만 | [주식] 후아비통을 사려면 여 | [주식] 10분만 보세요. 수급·거 | [주식] 한옥 전격 해부 20분이
면 망한다? 확실히 돈 버는 ... | 에 블린저밴드 박사되기 I 서... | 이 나도 여의도 서멱민 전문가! ... | 래량 서멱민 전문가! ... | 면 나도 여의도 주식 전문가...
이상투자그룹 | 이상투자그룹 | 이상투자그룹 | 이상투자그룹 | 이상투자그룹
조회수 2.8만회 · 2주 전 | 조회수 1.1만회 · 1개월 전 | 조회수 4.3만회 · 1개월 전 | 조회수 6만회 · 2개월 전 | 조회수 3만회 · 2개월 전

[주식투자] 단타의 모든 것   ▶ 모두 재생
단타매매, 스캘핑, 데이트레이딩 단타에 관한 모든 강의 정보

[주식] 급등주 잡는 보조지표 | [주식] 삼성 볼더폰 최대 수익! | [주식] 새팀을 십어버틸 여의 | [주식] 3가지 단타 고수 비법, | [주식] 상한가 늘는 단타 매매
가이드 전격 무료공개 I 강... | 최주 단타 大공개! 이통장... | 도 전문가 국비 단타 기법 공... | 보조지표 大 공개! 이통장... | 3가지 세팅법 긴급공개! 김...
이상투자그룹 | 이상투자그룹 | 이상투자그룹 | 이상투자그룹 | 이상투자그룹
조회수 2.7만회 · 1개월 전 | 조회수 1만회 · 1개월 전 | 조회수 8.4만회 · 1개월 전 | 조회수 2.2만회 · 2개월 전 | 조회수 3.3만회 · 2개월 전

유튜브에서   **이상투자그룹**   을 검색하세요!

QR코드로 영상 보는 법

이상투자그룹 최고 전문가들의
유튜브 동영상 강의를 QR코드로 쉽게 확인!

3대 일간지가 선정한 최고의 주식정보업체!

- 조선일보, 동아일보가 인정한 2018 올해의 브랜드 대상 수상
- 중앙일보가 인정한 2019 소비자선정 최고의 브랜드 대상 수상

이상투자그룹 최고의 주식 전문가들이 알려주는 유튜브 동영상 강의를 바로 확인하실 수 있도록 QR코드를 수록했습니다.

아래 방법을 따라해서 최고 전문가들의 유튜브 강의를 확인하세요.

챕터마다 수록된
QR코드를 확인합니다.

네이버나 다음 앱에서 검색 창 우측 끝 옆쪽에 설정 버튼을 클릭하시면 QR코드를 인식할 수 있는 메뉴가 나옵니다.

해당 앱을 사용하지 않는 분들은 플레이스토어(안드로이드 스마트폰)나 앱스토어(아이폰)에서 'QR코드'를 검색하시면 QR코드를 인식할 수 있는 여러 가지 앱(ex. QR코드 리더)이 나오니 다운로드 받아주세요.

스마트폰 앱에서 QR코드 버튼을 누르면
스마트폰 카메라가 작동됩니다.

그 다음에 카메라 렌즈를 도서에 수록된 QR코드에 가까이 대면 카메라가 QR코드를 인식합니다.

인식이 완료되면 화면 상단에 링크를 누를 수 있는 알림 창이 뜨고, 해당 알림 창을 터치하면 영상을 볼 수 있는 화면으로 넘어갑니다.

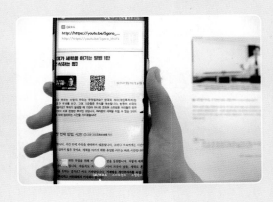

목차

▶ 다음의 목차를 참고해서 **10일만에 주식 고수**가 되어보세요.

▶ 하루에 1일 차씩 학습하시되, 일정이 빠듯한 분들은 **하루에 2개 챕터를 20일 동안 학습** **하셔도 무방**합니다.

1일 차

Chapter 1.
개미가 세력을 이기는 방법 1탄 [주식하는 법]

- ▶ 세력을 이기는 첫 번째 방법, 시간!
- ▶ 세력을 이기는 두 번째 방법, 분할전략!
- ▶ 세력을 이기는 세 번째 방법, 분석력!

학습 난이도 ★★☆☆☆

Chapter 2.
주식! 이렇게 해라! 주식장 하락 이유 + 주식 분할매수 방법 + 주식계좌 운영 방법

- ▶ 분할매수, 비중관리 잘하는 법
- ▶ 분할매수 실전 적용!
- ▶ 주식자금 운용방법

학습 난이도 ★★☆☆☆

Chapter 3.
제1강 "성공적인 수익의 첫걸음" 초보 투자자의 마인드 잡기!

▶ 현명한 투자자가 되려면 마음가짐이 중요하다!
▶ 뛰어난 전략은 나를 주식시장에서 승리로 이끈다!

학습 난이도 ★★★☆☆

Chapter 4.
호재인가, 악재인가! 유상증자란? 개념과 이해

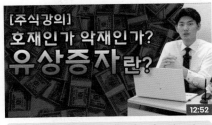

▶ 기업의 자금조달방법은?
▶ 증자 시 주가 하락 이유와 유상증자의 종류
▶ 실제 공시와 차트 확인!

학습 난이도 ★★★☆☆

챕터 1. 개미가 세력을 이기는 방법 1탄 [주식하는 법]

유튜브 연결하기

QR코드로 영상 보는 법 p.11을 참고!

주식을 잘하는 사람과 못하는 사람의 차이는 무엇일까요? 한국의 개미(개인투자자)는 주가가 하락하면 무조건 투매를 하고, 그때 기관들은 주식을 매수합니다. 반면에 미국의 개미(개인투자자)는 어떨까요? 투매가 발생할 때 기관이 아니라 오히려 스마트한 개미들이 먼저 주식을 매수합니다. 이것이 바로 현명한 투자인 것입니다. 여러분이 세력을 이길 수 있는 3가지 방법! 오늘은 이 내용에 대해 정리하는 시간을 가지겠습니다!

이상우
이상투자그룹
현) 수석 전문가

▶ 세력을 이기는 첫 번째 방법, 시간! ⏱ 2분 20초에서 바로 확인

세력은 늘 시간이 부족합니다. 시간 안에 수익을 내야 하기 때문입니다. 그러나 우리에게는 시간이 있습니다. 세력은 급하지만 우리는 급하지 않은 것이죠. 세력을 이기기 위한 유일한 카드는 바로 시간입니다!

세력은 주가를 올리거나 내리기 위한 작업을 위해 여러 가지 방법을 동원합니다. 이렇게 세력이 작업하기 2개월 전부터 변화가 나타나게 됩니다. 자동차도 지나가면 타이어 자국이 남듯, 세력도 흔적을 남기는 것이죠. 그 흔적은 무엇을 뜻하는 걸까요? 바로 거래량입니다. **거래량은 개인투자자를 속일 수 없습니다. 그래서 우리는 거래량을 확인하고 선취매해서 기다려야 합니다!**

알아
두기

투매: 주가 하락이 예상될 때, 이로 인한 손실을 최소화하기 위해 대량으로 파는 것을 말합니다.
세력: 주가의 흐름에 직접적인 영향력을 행사할 수 있는 자본이나 투자기술, 정보력을 보유한 투자자 또는 집단을 말합니다. 보통 기관과 외국인이 이에 해당합니다.
선취매: 호재 등의 요인에 의하여 주가가 상승할 것으로 예상되는 경우에 주가가 상승하기 전에 해당 주식을 미리 매입하는 것을 말합니다.

세력이 지나가는 흔적이 무조건 남습니다. 그 흔적이 어디서 나오냐, 바로 거래량입니다. 거래량은 속일 수 없습니다. 증권사 계좌분석하면 다 나옵니다! 그럼 우리는 그 흔적을 찾아서 선취매해서 기다려야 합니다.

▶ 세력을 이기는 두 번째 방법, 분할전략! ⏱ 5분 40초에서 바로 확인

세력이 100억 원을 투자한다고 할 때, 한 번에 100억 원을 모두 투자할까요? 그렇지 않습니다. 100억 원을 여러 종목에 분할매수합니다. 그런데 개인투자자는 투자금액을 한 종목에 전부 투자하는 경우가 많습니다. 이는 초보투자자가 하기 쉬운 아주 어리석은 행동입니다. 개인투자자가 세력을 이기기 위해서는 분할전략을 세워야 합니다.

> **알아두기**
>
> 공매도: 말 그대로 '없는 것을 판다'라는 뜻입니다. 주식이나 채권을 가지고 있지 않은 상태에서 매도주문을 내는 것입니다. 가지고 있지 않은 주식이나 채권을 판 후 해당 주식이나 채권을 구해 매입자에게 돌려주면 되기 때문에, 약세장이 예상되는 경우 시세차익을 노리는 투자자가 활용하는 방식입니다.

세력은 주가가 오를 때 개미떨기를 합니다. 개미를 떨쳐내야 세력들이 저가에 살 수 있기 때문이죠. 그래서 세력들은 **공매도**를 합니다. 그러면 개미들은 떨어져 나가고 세력은 추가매수에 들어가죠. **우리가 개미떨기에 당하지 않으려면 분할매수, 분할매도 하는 법을 알아야 합니다.** 그래야 오히려 개미떨기를 활용해서 매수할 수 있고, 더 큰 수익을 낼 수 있기 때문입니다.

바로 분할매수, 분할매도 이것만이 여러분이 세력을 이길 수 있는 두 번째 강력한 무기라는 것을 알고 계셔야 합니다!

▶ 세력을 이기는 세 번째 방법, 분석력! ⏱ 7분 42초에서 바로 확인

2018년 5월, 삼성바이오로직스 **분식회계** 사건이 터졌습니다. 개인투자자가 이것을 확실히 알 수 있었을까요? 알 수 없었습니다. 그렇다면 우리는 어떻게 분석해야 할까요? 바로 **흔적 찾기**를 해야 합니다.

분식회계: 기업이 경영 실적이나 재정 상태를 실제보다 좋아 보이게 하기 위해 회사의 장부를 조작하거나 재무제표의 수치를 바꾸는 등 부당한 방법으로 부풀려 계산하는 회계를 말합니다.

세력은 자신만의 신호가 있습니다. 돌고래가 자신만의 신호를 주고받듯 세력들도 분파 세력들을 끌어모으기 위해 신호를 주고받습니다. 이런 신호는 호가창에서 코드처럼 명령어로 나타납니다. 매도창에 물량이 많으나 매수창에 물량이 적은 경우에도 세력이 물량을 받기 위해서 만든 호가창이라 볼 수 있죠. 거래량의 흔적으로 세력의 움직임을 파악하는 것이죠. 여러분이 해야 할 일입니다.

이렇게 시간, 분할전략, 분석력 세 가지를 확실히 염두에 두고 주식투자를 한다면 세력을 이기는 방법을 체득할 수 있을 것입니다.

거래량의 흔적을 찾는 것이 여러분들이 해야 할 일입니다. 세력을 이기는 세 가지 방법을 저와 함께 고민하고 따라오신다면 기관과 외국인에게 지지 않는 스마트한 개미가 될 수 있습니다.

 ★ **챕터 포인트** ✅

① 개인투자자는 시간에 쫓기지 않기 때문에 거래량을 확인하고 선취매해서 기다리는 투자 전략을 세워야 합니다.

② 개미떨기에 당하지 않으려면 분할매수, 분할매도 하는 법을 알아야 합니다.

③ 분석력을 바탕으로 거래량의 흔적 등을 찾을 수 있어야 합니다.

챕터 2.

주식! 이렇게 해라! 주식장 하락 이유 +
주식 분할매수 방법 + 주식계좌 운영 방법

유 튜 브
연결하기

QR코드로 영상 보는 법 p.11을 참고!

한국 축구와 한국 주식의 공통점을 생각해봤습니다. 축구 경기와 주식시장은 끝날 때까지 끝난 것이 아닙니다. 끝까지 봐야 한다는 것이죠. 장이 좋지 않을수록 끝까지 보고, 버텨야 한다는 것입니다. 주식은 타이밍이죠. 분할매수를 잘하는 것이 주식 성공의 지름길입니다. 오늘은 분할매수 방법과 더불어 계좌관리 방법에 대해서도 알려드릴 거니까 잘 따라오세요!

이상우
이상투자그룹
현) 수석 전문가

▶ 분할매수, 비중관리 잘하는 법 ⏱ 12분 50초에서 바로 확인

많은 투자자분들이 비중관리를 잘하지 못합니다. 한 종목에 투자자금을 전부 넣는 경우가 적지 않죠. 이는 너무나도 위험한 행동입니다. 자신이 알 수 없는 리스크에 대해 무방비한 상태이기 때문이죠. 그렇다면 분할매수를 잘하는 방법은 무엇일까요? **처음부터 큰 물량을 사지 않는 것, 저점을 잡아내는 것이 중요합니다.**

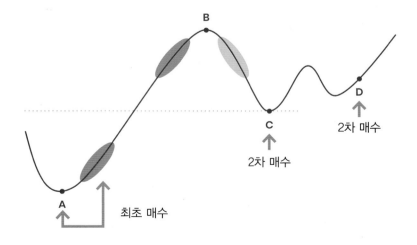

① 최초 매수

저가에 있을 때, 즉 A 지점 또는 빨간색 부분에서 **투자비중을 5% 나 10% 로 최초 매수합니다.** 마치 보초병을 보내서 상황을 살피는 것과 같은 이치이죠. 그리고 B 지점에서 팔아 수익실현을 하면 되는 것입니다. 그런데 초보 투자자분들은 대부분 빨간색 부분이 아닌 **이미 주가가 많이 오른 파란색 부분에서 주식을 매수하죠. 이런 습관은 버려야 합니다!** 주가가 더욱 오를거란 기대를 갖고 파란색 부분에서 매수했겠죠. 하지만 대부분의 경우 주가는 하락하죠. 그렇기 때문에 최초 매수 시 투자비중을 5% 나 10% 로 해야 합니다.

② 매도

그렇다면 매수한 이후에 주가가 하락할 경우에는 어떻게 해야 할까요? 이때 개인투자자분들이 절대 하지 말아야 할 행동이 있습니다. 그것은 바로 노란색 부분에서 매도하는 것입니다. 보통 주가가 상승했다가 하락할 때는 주가의 가장 저점(A 지점)과 고점(B 지점)의 절반 부분인 C 지점까지 빠집니다. 따라서 **주가가 C 지점에 내려올 때까지 기다려야 한다는 것입니다.** C 지점까지 주가가 오르내리며 떨어질 때, 일시적 상승만 보고 추가 매수한다면 손실폭만 더 커지게 되는 것이죠. 만약 주가가 C 지점까지 떨어지는 것을 못 기다리겠다면 노란색 부분에서 손절매를 하는 것이 더 낫습니다. 손절매마저도 하지 못하겠다는 분들은 투자비중을 50% 로 줄여야 합니다.

③ 2차 매수

그렇다면 추가매수는 언제 해야 할까요? 만약 A 지점에서 최초 매수를 하지 못하고, 파란색 부분에서 매수한 분들은 **주가가 C 지점까지 빠졌다가 다시 올라간 D 지점 부근에서 2차 매수를 해야 합니다.** 정확한 저점인 C 지점을 잡아내서 그때 매수하면 더욱 더 좋습니다. 저점을 잡는 법은 **망치형 캔들**이나 **십자형 캔들**이 나왔을 때라고 보면 됩니다. 만약 A 지점에서 주식을 매수했다가 B 지점에서 팔지 못했다면 C 지점에서 매수하면 안 됩니다. **자신의 매수가격보다 높은 가격에 매수하는 행위는 지양해야 한다는 것이죠.** 이것은 매수가격의 **평단가**에 영향을 미치기 때문입니다.

알아두기

망치형 캔들: 몸통이 작고 아래꼬리가 긴 캔들을 말합니다. 주가 상승 전환 신호로 해석됩니다.
십자형 캔들: 시가와 종가가 일치하는 캔들을 말합니다. 일반적으로 바닥권에서는 매수신호, 고가권에서는 매도신호로 해석됩니다.
평단가: 보유 주식의 평균 매수 단가를 뜻합니다.

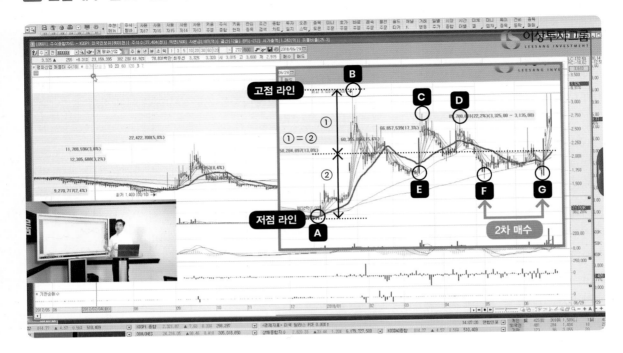

이번에는 차트를 보며 설명하겠습니다. 수소차 관련주인 평화산업의 차트입니다. 투자자분들 중에 위 차트에 표시된 B, C, D 지점과 같은 고점에서 사는 경우가 있습니다. 이럴 때는 언제 추가 매수를 해야 할까요? 가장 저점인 A 지점과 고점인 B 지점의 절반 가격보다 아래로 떨어진 E, F, G 지점에서 사야 합니다. 특히 두 번째, 세 번째 저점이 나타난 F 또는 G 지점에서 2차 매수를 해야 합니다.

분할매수는 보통 1차부터 4차까지 진행됩니다. 주가의 흐름이 **박스권**에 갇혀 있으면 더욱 분할매수를 하고 **물량을 적게 사야 합니다.** 박스권을 돌파하거나 추세를 그리는 자리에서는 분할매수보다는 집중력 있게 30%, 50%씩 비중을 실어서 투자하는 게 좋습니다. 그러나 주가의 위치가 박스권에 있고 하락추세라면 여러 종류의 종목을 분할매수하는 것을 일상화해야 합니다!

알아 두기

박스권: 주가가 일정한 가격구간(지지선과 저항선 사이) 안에서만 지속적으로 움직이는 상태를 말합니다.

수많은 유명한 투자가들은 금융위기에 돈을 버는 경우가 많았습니다. 이렇듯 주식은 리스크가 발생했을 때, 돈을 벌 기회가 옵니다. 하지만 기회가 왔을 때 매수금이 없다면 주식을 살 수가 없겠죠. 그래서 자금 운용방법이 중요한 것입니다.

그럼 1억 원이 있다고 가정하고, 자금 운용을 어떻게 해야 하는지 설명하겠습니다.

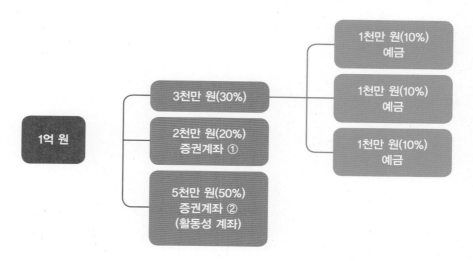

위 그림처럼 1억 원(100%) 중 3천만 원(30%)의 금액을 3개의 예금계좌에 1천만 원씩 쪼개 넣습니다. 그다음 2천만 원(20%)은 증권계좌 ①에 넣고, 나머지 5천만 원(50%)도 증권계좌 ②에 넣습니다. 여기서 증권계좌 ②는 활동성 계좌입니다.

그럼 주식은 얼마까지만 사야 할까요? 바로 **증권계좌 ②의 활동성 계좌에 있는 5천만 원까지만 사도록 합니다.** 예금에 넣어놓은 3천만 원은 절대 깨지 않고, 리스크용으로 관리해야 합니다. 리스크가 발생했을 때 예금계좌에서 1천만 원만 우선 빼서 투자합니다. 그 후, 회복되고 있다는 뉴스가 나오면 또 예금계좌에서 추가로 빼서 투자를 합니다. 그리고 추후 수익을 본 금액은 다시 예금에 넣는 것이죠.

그렇다면 증권계좌 ①의 역할은 무엇일까요? 이것은 추가 매수용입니다. 증권계좌 ②의 금액으로 투자했지만 주가가 매수 금액까지 하락했을 때, 증권계좌 ①의 금액으로 추가매수를 한 후 수익을 보고 매도하는 것입니다.

주식은 전략입니다. 꾸준한 멘탈관리와 철저한 계획을 세운 사람만이 수익이 날 가능성이 큽니다. 주식을 처음 하는 사람일수록 비중관리를 철저히 해야 하는 점을 꼭 명심하세요!

★ 챕터 포인트 ✅

① 분할매수는 처음부터 큰 물량을 사지 않고, 가장 저점을 잡아내는 것이 중요합니다.

② 최초 매수는 저점에서 투자비중을 5% 나 10% 로 접근합니다.

③ 보통 추가매수는 저점과 고점의 절반인 부분으로 내려올 때까지 기다려야 합니다.

④ 최초 매수가보다 높은 가격에서 2차 매수하는 것은 평단가에 영향을 미치므로 절대 지양해야 합니다.

⑤ 주가가 박스권에 갇혀 있을 땐, 더욱 분할매수를 하고 물량을 적게 사야 하며, 박스권을 돌파하거나 추세를 그리는 자리에서는 30%, 50% 씩 비중을 실어서 투자하는 게 좋습니다.

챕터 3.

제1강 "성공적인 수익의 첫걸음"
초보 투자자의 마인드 잡기!

유 튜 브
연결하기

QR코드로 영상 보는 법 p.11을 참고!

주식시장은 전쟁을 하는 전쟁터입니다. 자신의 소중한 자산을 가지고 외국인, 기관과 힘든 전쟁을 치러야 하는 곳이죠. 이렇게 험난한 주식시장에서는 마인드를 확실히 갖춰야 합니다. 이번 영상에서는 성공적인 수익의 첫 걸음을 위한 마인드 교육부터 기술적 분석, 기본적 분석 등 기초적인 내용을 설명드릴 텐데요. 기초 내용을 완전히 습득해서 주식 홀로서기의 첫 단추를 끼울 수 있는 시간이 되었으면 좋겠습니다.

서석민
이상투자그룹
현) 수석 전문가

▶ 현명한 투자자가 되려면 마음가짐이 중요하다! ⏱ 2분 13초에서 바로 확인

우리가 훌륭한 마음가짐을 갖기 위해서는 자신이 가지고 있는 안 좋은 습관을 버리는 것이 중요합니다. 주식시장에서도 마찬가지인데요. 오늘 강의를 통해 자신이 가지고 있는 안 좋은 습관이 무엇인지, 그리고 자신이 왜 손해를 보는지에 대한 답을 드리도록 하겠습니다.

첫 번째, 자신이 모르는 종목에 투자를 합니다. 주변에서 좋다는 말만 듣고 자신의 소중한 자금으로 무작정 주식을 사는 것은 정말 잘못된 습관입니다.

두 번째, 시장에 대한 이해가 부족합니다. 주식시장이 호황이라는 뉴스가 나오면 그때서야 뒤늦게 소중한 자금을 투입합니다. 하지만 그때는 이미 많이 올라 있을 때인 경우가 많습니다. 비트코인 열풍 기억나세요? 비트코인이 2,200만 원까지 갔다가 순식간에 500만 원까지 떨어졌었죠. 남들이 좋다고 할 때는 이미 늦은 경우가 많습니다. 시장에 대한 이해가 부족하다면 공부를 하셔야 합니다. 아는 게 힘입니다.

여러분 부동산 사실 때 직접 가보시죠? 제품 사실 때도 구매 후기 읽어보고 사시잖아요.
근데 왜 주식은 아무것도 모르고 사세요?! 소중한 자금이 들어간 만큼 내가 매수한 종목에 대해 잘 알고 투자해야 합니다!

▶ 뛰어난 전략은 나를 주식시장에서 승리로 이끈다! ⏱15분 17초에서 바로 확인

버려야 할 마음가짐을 배웠다면 다음에는 전략적인 부분을 준비해야 합니다. 주식시장에서 전략이 있는 것과 없는 것은 엄청난 차이가 납니다. **주식시장에서는 손절 전략이 가장 중요합니다.** 수익 전략을 세우기에 앞서 어떻게 방어를 해야 하는지 더욱더 신경을 써야 하는데 그 이유에 대해 알아보도록 하겠습니다.

폭락장에서 종목들이 크게 하락할 때 손절을 안 하면 올라오는 좋은 시기를 공략할 수 없게 됩니다. 손절 전략을 가져야 하는 이유는 수익이 나지 않았을 때를 대비하는 것이죠. 손절가는 자신의 성향에 맞게 매수가로부터 5 ~ 10%까지 룰을 정해서 그것을 꼭 지키도록 해야 합니다.

알아
두기

　　　손절: 손절매의 줄임말로 보유 중인 주식이 손실 중일 때, 더 큰 손실을 방지하려고 매도하는 것을 말합니다. 반대말로는 익절이 있으며 수익 중에 매도하는 것을 말합니다.

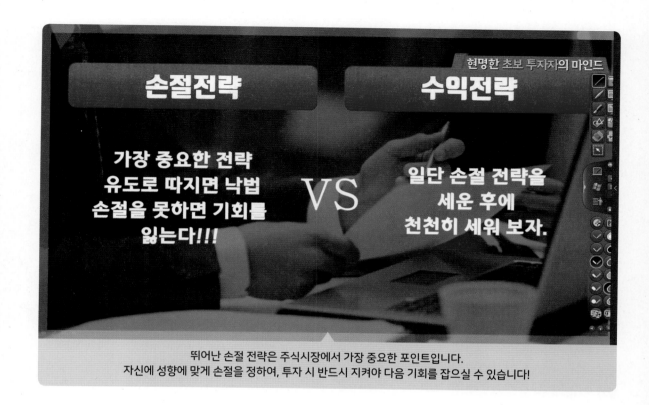

뛰어난 손절 전략은 주식시장에서 가장 중요한 포인트입니다.
자신에 성향에 맞게 손절을 정하여, 투자 시 반드시 지켜야 다음 기회를 잡으실 수 있습니다!

예를 들어, 단기매매에 있어 공격적인 투자를 하는 분은 큰 변동성을 보이는 종목을 선호하기에 손절폭을 넉넉하게 잡아야 하고, 짧게 수익을 내고 나오는 분은 손절폭 또한 짧게 잡아야 합니다. 손절을 못하면 큰 수익의 기회를 잃습니다.

⭐ **챕터 포인트** ✅

① 다른 사람에 휘둘려 잘 모르는 종목을 매수해서는 안 되며, 주식에 대한 이해와 자신감을 바탕으로 투자해야 합니다.

② 주식시장에서는 손절 전략이 가장 중요합니다.

③ 폭락장에서 종목들이 크게 하락할 때 손절을 안 하면 올라오는 좋은 시기를 공략할 수 없습니다.

호재인가, 악재인가! 유상증자란? 개념과 이해

유튜브
연결하기

[주식강의]
호재인가 악재인가?
유상증자란?

QR코드로 영상 보는 법 p.11을 참고!

개인투자자분들이 공시 부분을 어려워하실 것 같아서 유상증자에 대해 말씀드리려고 합니다. 증자를 하면 주가가 하락하는 경우가 있는데도 기업은 왜 증자를 할까요? 지금부터 유상증자를 어떻게 해석해야 하는지 알려드리겠습니다.

강호진
이상투자그룹
현) 선임 전문가

▶ **기업의 자금조달방법은?** ⏱ 1분 3초에서 바로 확인

기업이 자금이 부족할 때 조달하는 방법은 크게 3가지가 있습니다. 첫 번째는 **채권**발행, 두 번째는 대출, 세 번째는 **증자**를 통한 자본조달입니다. **증자를 통해 자금을 조달하면 이자상환이라든지, 원금상환에 대한 의무가 없습니다.** 그래서 기업 입장에서는 증자를 통해 자금을 조달하는 것이 부담이 없겠죠.

유상증자의 종류도 3가지로 나눌 수 있습니다.
① 제3자 배정방식 : 임직원이나 거래처 등 연고관계에 있는 사람들에게 자금을 조달하는 방식입니다.
② 일반 공모방식 : 말 그대로 아무나 공모를 할 수 있는 방식입니다.
③ 주주 배정방식 : 기존 주주에게 신주를 받을 권리를 주는 것입니다.

알아두기

채권: 정부, 공공기관, 주식회사 등이 일반인으로부터 비교적 거액의 자금을 조달하기 위해 발행하는 차용증서를 말합니다.
증자: 증자란 주식을 새로 발행하는 것으로써 신주를 돈을 내고 사는 유상증자와 주주에게 공짜로 나눠주는 무상증자로 나뉩니다.

▶ 증자 시 주가 하락 이유와 유상증자의 종류 ⏱3분에서 바로 확인

① 증자를 했을 때 주가가 하락하는 이유

첫 번째는 할인입니다. 유상증자를 통해 신주를 발행하면 대부분 할인된 금액으로 발행되는데, 그럼 현재 주가보다 싸기 때문에 현재 주가가 영향을 받을 수 있게 되는 것이죠.

두 번째는 주주가치 희석입니다. 예를 들어, 1,000원을 버는 기업의 보유 주식이 10주라면, 1주당 가치는 100원인 것이죠. 그런데 20주로 늘어나면 1주당 가치가 50원이 되는 것이죠. 그럼 1주가 가지고 있는 가치가 떨어지게 됩니다. 하지만 기업에서 벌어오는 돈은 일정하기 때문에 주식 수가 늘어날수록 불리한 것입니다.

② 유상증자의 종류

유상증자의 종류는 **액면발행**과 **시가발행**이 있습니다. 최근에는 대부분 시가발행으로 진행됩니다. 현재 주가에 따라서 공모가 진행되는 방식입니다. 현재 주가에서 할인율을 적용해서 발행되고 발행가액에 반영됩니다.

🔍 알아
두기

액면발행: 신주를 발행할 때, 액면가액을 기준으로 하여 발행하는 것을 말합니다.
시가발행: 신주를 발행할 때, 시가를 기준으로 하여 발행하는 것을 말합니다.

▶ 실제 공시와 차트 확인! ⏱ 4분 56초에서 바로 확인

① 제3자배정방식

그럼 실제 공시를 확인해보겠습니다. 에이티세미콘의 유상증자 공시를 살펴보겠습니다.

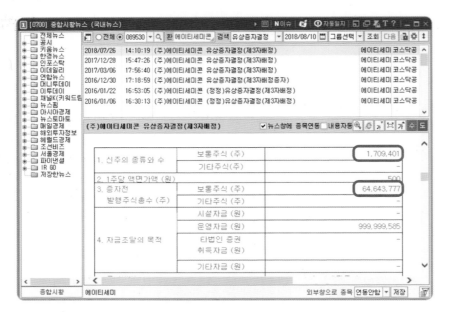

공시 내용을 살펴보면 보통주식으로 170만 주 정도 발행된다는 것을 확인할 수 있습니다. 또한, 증자 전 발행주식총수가 몇 주였는지 확인할 수 있으므로 기존 주식 대비 추가 상장되는 주식의 비중이 어느 정도인지 참고할 수 있습니다. 조달되는 금액도 확인이 가능할 수 있습니다. 특히 제3자배정방식 같은 경우에는 대규모 자금을 조달하는 경우가 있는데 **시가총액 대비 큰 금액일수록 주가에 파급력이 크게 작용하니 금액도 같이 확인**하면 좋습니다.

공시 하단에서는 누가 자금을 조달했는지도 알 수 있는데요. 이 경우에는 제3자배정 대상자가 김형준 에이티세미콘의 대표이사고, 신종순은 에이티세미콘의 최대주주인 사람입니다. 대표이사가 자기 회사에 추가로 납입한다는 것은 기업을 살릴 만한 무엇인가가 있다는 것이죠. **보통 제3자배정의 경우는 주가에 긍정적으로 작용**하게 됩니다.

시가총액: 기업이 발행한 주식에 주가를 곱한 것으로 주식시장에서 평가되는 해당 기업의 가치입니다.

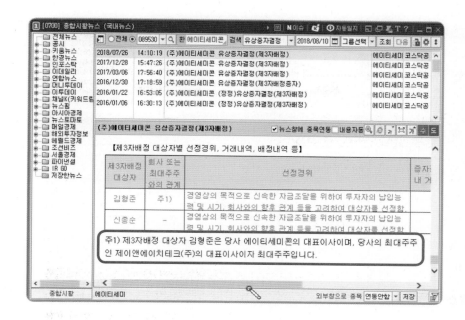

② 일반 공모 방식

이번에는 제일 많이 사용되는 일반 공모 방식을 살펴보겠습니다.

제이웨이가 1월 16일에 유상증자를 결정했었는데요. 자세한 공시 내용을 함께 살펴보겠습니다.

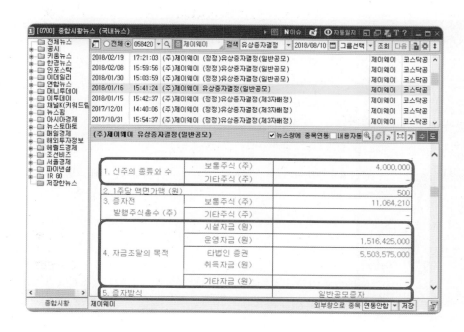

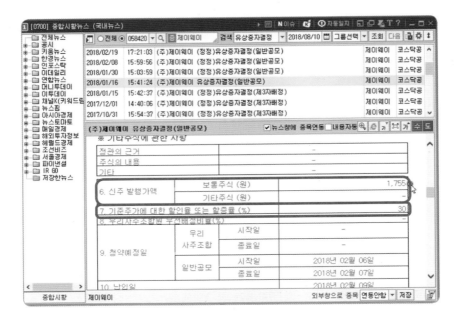

1. 신주의 종류와 수(보통주식), 4. 운영자금 확인, 5. 증자방식이 일반공모증자인 것도 확인할 수 있습니다. 6. 신주발행가액에서 보통주식 1,755원으로 추가적인 상장을 한다는 것을 참고하면 됩니다. 또한, 기준주가에 대한 할인율을 살펴보면 30% 죠. 그럼 주가에는 악영향을 끼칠 수밖에 없습니다.

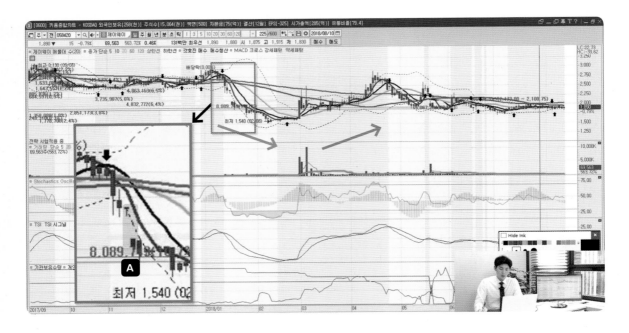

16일에 장 마감 후 공시가 발표됐었는데요. 차트를 보면 17일에 갭 하락(A)을 한 것을 확인할 수 있습니다. 갭 하락을 맞았기 때문에 앞으로 어떻게 대응을 해야 할지 어려움이 많을 텐데요. 이때는 **발행가액을 보는 것이 좋습니다. 주가가 신주발행가액인 1,755원까지는 하방경직성을 보일 가능성이 큽니다.** 실제로 차트를 확인해보면 저점이 1,540원에 형성되었다가 반등했습니다. 신주발행가액인 1,755원 위에 머무르고 있는 모습을 볼 수 있죠. 공시로 인해 손실을 보는 분들이 많기 때문에 손실을 만회하기 위해 더 빠지지 않습니다. 웬만해서는 신주발행가액 상단에서 머무른다는 점을 참고해주시기 바랍니다.

물론 일반공모라고 해서 나쁘게만 작용하는 것은 아닙니다. 자본잠식이 되어가고 있는 상황에서 증자에 성공했다면 긍정적일 수도 있는 것이죠. 이렇게 상황마다 다르게 해석된다는 점도 함께 알아두면 좋습니다.

⭐ **챕터 포인트** ✅

① 기업은 증자를 통해 자금을 조달하면 이자상환이나, 원금상환에 대한 의무가 없습니다.

② 제3자배정방식의 경우 시가총액 대비 큰 금액일수록 주가에 파급력이 크게 작용하니 금액도 같이 확인하면 좋습니다.

③ 일반 공모방식으로 유상증자를 했는데 갭 하락이 발생했다면, 발행가액을 확인하는 것이 좋습니다.

2일 차

Chapter 7.
체결량과 거래량. 호가창 읽는 법이 궁금해요.

- ▶ 호가창에 매도물량이 많아야 주식이 오른다?
- ▶ 매매에 호가창 활용 시 체크해야 할 것!

학습 난이도 ★☆☆☆☆

Chapter 8.
캔들 전격 해부! 20분이면 나도 여의도 주식 전문가!

- ▶ 캔들의 의미
- ▶ 신박한 캔들 해석법
- ▶ 이해가 중요한 위꼬리, 아래꼬리 해석법
- ▶ 봉의 종류와 의미
- ▶ '캔들의 이해' 실전 적용!

학습 난이도 ★☆☆☆☆

챕터 5.
10분만 보세요.
수급 · 거래량 이해!

유튜브 연결하기

QR코드로 영상 보는 법 p.11을 참고!

오늘은 가격보다 훨씬 중요한 거래량과 수급을 배우는 시간입니다. 거래량이 정말 중요한 것은 모두 아시죠? 거래량을 해석하는 저만의 노하우가 있습니다. 물론 변수도 많고, 정설은 아니지만 초보의 관점에서 비유를 통해 아주 쉽게 설명드리겠습니다. 주식 어렵지 않습니다! 쉽게 공부할 수 있으니 믿고 따라오세요!

서석민
이상투자그룹
현) 수석 전문가

▶ 수급 파악과 거래량 분석을 위한 기초개념 ⏱ 1분 19초에서 바로 확인

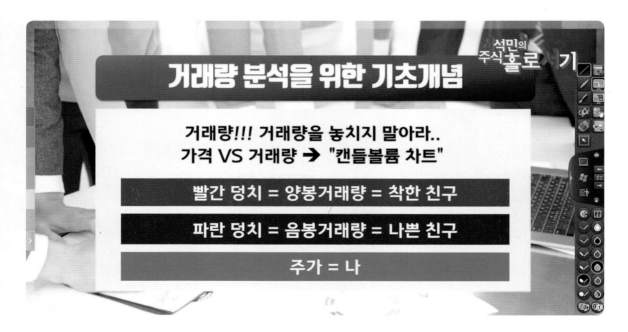

① 수급 파악

수급의 주체에는 기관, 외국인, 개인이 있습니다. 개인은 항상 손해를 본다고 생각합니다. 여기서 질문 하나 드리겠습니다. 개인과 기관, 외국인 중에서 누가 돈이 가장 많을까요? 바로 개인입니다.

그럼에도 개인이 기관과 외국인에게 지는 이유는 개인은 각자 서로 다른 종목을 사기 때문이죠. 외국인과 기관은 소수의 종목에 집중적으로 매매합니다. **그래서 개인과 기관, 외국인의 매수하는 힘의 응집력이 다를 수밖에 없습니다.**

② 거래량 분석

거래량은 정말 중요하기 때문에 절대 놓쳐서는 안 됩니다. **캔들볼륨차트는 가격과 거래량을 한꺼번에 표시하는 차트**입니다. 캔들 안에 거래량(볼륨)이 들어있는 것이죠. 일반 캔들차트와 어떤 차이가 있을까요? 캔들의 두께가 다릅니다.

캔들의 두께는 거래량을 의미합니다. 두께가 얇으면 거래량이 적고, 두꺼우면 거래량이 많은 것이죠. 만약 내가 주가라면 빨간 캔들은 좋은 친구, 파란 캔들은 나쁜 친구이고, 두꺼울수록 힘이 센 것입니다.

▶ 빨간 덩치 vs 파란 덩치 ⏱ 4분 40초에서 바로 확인

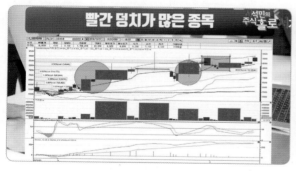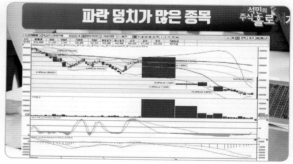

① **빨간 덩치**

왼쪽 차트를 보면 캔들의 두께가 제각각이죠? 캔들이 이미 거래량을 보여주기 때문에 아래 거래량 지표는 안 보셔도 됩니다. 차트를 보면 주가가 올라가는데 덩치가 큰 빨간 캔들이 많습니다.

빨간 덩치는 착한 친구라는 것을 기억하나요? 빨간 덩치는 주가를 보호하며, 두꺼울수록 더 큰 힘이 됩니다. 간혹 파란 캔들도 보이지만 빨간 캔들이 더 크고, 힘도 세기 때문에 주가를 보호합니다. 그래서 주가는 더욱 올라갈 수 있는 것이죠.

② 파란 덩치
오른쪽 차트는 예전 한미약품 차트입니다. 한미약품 사태라고 할 정도로 급락했던 적이 있습니다. 주가가 상승하다가 아주 큰 파란 캔들이 나타납니다. 큰 파란 캔들은 주가를 괴롭히는 나쁜 친구이기 때문에 주가가 계속 떨어지는 것입니다.

▶ 하락하는 주가, 어디서 손절해야 하나? ⏱6분 40초에서 바로 확인

주가가 올라가는데 빨간 캔들이 많이 생기기 시작합니다. 빨간 캔들이 주가를 보호해 주기 때문에 더욱 상승하는 것이죠. 그러다 파란 캔들이 나타나는데 크기가 작습니다. 별 것 아니라고 생각했지만 이후로도 작은 파란 캔들이 늘어나면서 주가를 괴롭힙니다. 이런 경우에는 어떻게 될까요?

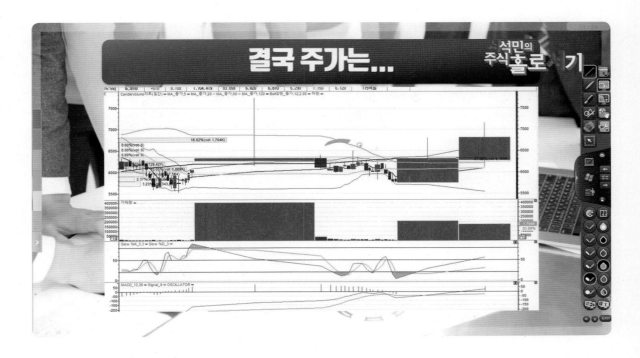

빨간 캔들은 가만히 지켜보다가 나중에 다시 등장하면서 주가를 다시 상승시킵니다. 이후 **거래량이 없이 주가가 내려가는데 밑에서 빨간 캔들이 많이 나타난다는 것은 바닥에서 매수하려는 세력이 있다는 의미입니다.** **매집**한 당사자는 주가가 떨어지는 것을 지켜보기만 합니다. 그 이유는 주가가 떨어져야 매수하는 단가가 낮아져 저렴한 가격에 사서 추후에 주가를 들어올리기 쉽기 때문이죠.

주가가 떨어지면서 빠져나가는 물량은 보통 개인투자자들입니다. 지치다 못해 파는 것이죠. 물론 **손절 원칙을 지키는 것은 중요하지만 매집형 종목은 굳이 무리해서 손절할 필요가 없습니다.** 결국 다시 상승하기 때문입니다. 만약 손절 라인을 벗어나더라도 이런 차트의 종목은 보유하시기 바랍니다.

알아두기

매집: 의도적으로 특정 종목의 주식을 대량으로 사 모으는 것을 말합니다.
손절: 손절매의 줄임말로 보유 중인 주식이 손실 중일 때, 더 큰 손실을 방지하려고 매도하는 것을 말합니다. 반대말로는 익절이 있으며 수익 중에 매도하는 것을 말합니다.

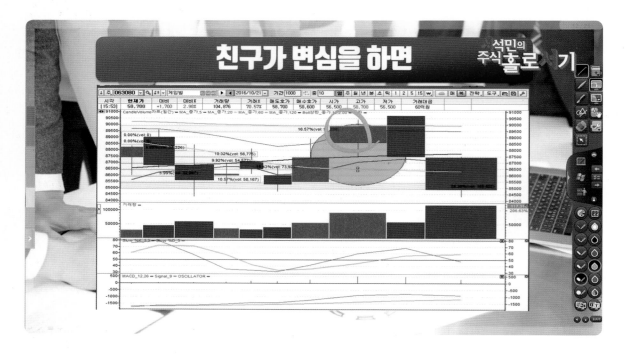

착한 친구가 변심하는 경우도 있습니다. 빨간 캔들이 갑자기 더 커다란 파란 캔들이 되는 것이죠. 내가 잘 나갈 때는 옆에서 온갖 착한 척을 다하더니 내가 성공하자 질투를 해서 변심하는 것이죠. 주가가 많이 올라간 상황에서는 빨간 캔들을 너무 믿지 않는 게 좋습니다.

오히려 내가 힘들 때 나타나는 친구가 정말 좋은 친구인 것이죠. 양봉이 나타나는 위치가 중요합니다. **주가가 바닥 부근일 때 나타난 양봉은 좋은 친구지만, 고점 부근에서 나타난 양봉은 좋은 친구가 아닐 가능성이 큽니다.** 변심한 친구가 더 무서운 법입니다. 고점에서 음봉으로 돌변하면서 주가를 바닥으로 끌어내리죠. 그래서 웬만하면 **고점에 있는 종목은 매수를 하지 않는 것이 좋습니다.**

개인투자자의 일반적인 심리를 보면, 주가가 올라갈 때는 불안함에 매수를 못 합니다. 주가가 어느 정도 올라 고점부근에서 대량 거래량이 터지는 양봉에서 매수를 하죠. 이 고점에서 대량거래가 발생한다는 것은 세력 물량이 빠져나가는 것이라고 생각하면 됩니다. 고점이 아닌 바닥 부근에서 대량 거래량이 발생하는 종목을 선택하세요.

▶ 이런 경우도 있으니 참고하세요 🕐16분 13초에서 바로 확인

① 기관/외국인이 연일 매도

빨간 캔들, 파란 캔들에 상관없이 피해야 합니다. 기관과 외국인은 힘의 응집력이 높아 개인보다 강하기 때문에 이들이 매매하는 종목을 굳이 매매할 필요는 없습니다.

② 일시적인 악재로 인한 나쁜 친구의 출현

회사 대표의 구속과 같은 악재가 있을 수 있으며, 주가 하락의 요인이 됩니다.

③ 일시적인 호재로 인한 착한 친구의 출현

일단은 조심하는 것이 좋습니다. 만약 어떤 종목에서 매집형 차트가 나타나는데 해당 종목에 뉴스나 공시가 있다면 그 종목은 피해야 합니다.

★ 챕터 포인트 ✓

① 손절 원칙을 지키는 것은 중요하지만 매집형 종목은 굳이 무리해서 손절할 필요가 없습니다.

② 주가가 바닥 부근일 때 나타난 양봉은 좋지만, 고점 부근에서 나타난 양봉은 의심해 볼 필요가 있습니다.

③ 고점에 있는 종목은 매수하지 않으며, 바닥 부근에서 거래량이 발생하는 종목을 매수합니다.

기본 중의 기본!
"ROE 분석"으로 좋은 기업 사기!

유튜브
연결하기

QR코드로 영상 보는 법 p.11을 참고!

기업 분석에 필요한 것에 대해 말씀드리려고 합니다. 여러분이 주식을 지금 바로 사야 하는데 공부할 시간이 없으시잖아요? 그래서 제가 핵심만 간단하게 설명드릴 것입니다! 자신이 사려고 하는 기업이 탄탄한지, 얼마나 갈 수 있는지, 적어도 상장폐지는 안 당할지 파악할 수 있는 중요한 팁! 지금부터 알려드릴 테니 잘 따라오세요!

이상우
이상투자그룹
현) 수석 전문가

▶ 몇 번을 강조해도 지나치지 않은 ROE! ⏱ 6분 9초에서 바로 확인

'4박자 투자법'영상을 보면 제가 'ROE가 15% 이상, 3회 이상 지속되는지 확인하라!'라고 강조합니다. 단, 장기 투자자라면 **연 환산 ROE**를 확인해야 합니다. 반면 **중·단기 투자자**라면 분기 ROE를 확인해야 합니다.

★ 4박자 투자법
관련 영상 바로 확인!

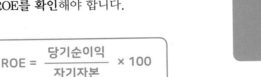

$$ROE = \frac{당기순이익}{자기자본} \times 100$$

우선 ROE를 구하는 식을 보겠습니다. 예를 들어 자기자본이 1,000원이고, **당기순이익**이 100원이라고 한다면 ROE는 10%가 나오게 되겠죠. ROE 15%를 만들려면 당기순이익을 150으로 하면 됩니다.

알아
두기

당기순이익: 일정 회계기간 동안의 전체 수익에서 비용을 차감한 순이익을 말합니다.

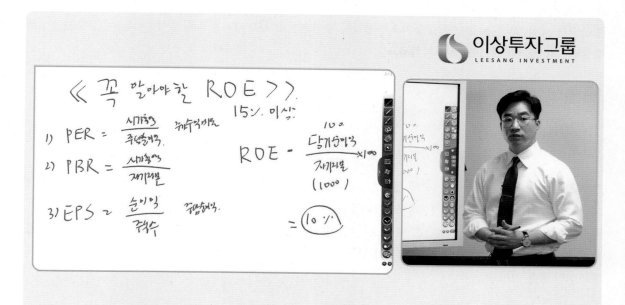

여기까지 이해하셨으면 주식에서 정말 한 발자국 오신 겁니다. 오늘 개선선생이 왜 이렇게 어려운 것을 하느냐 하실 수도 있는데, 주식하면서 이 정도는 알아야 합니다. 이것도 모르고 주식하시면 정말 안 됩니다!

① PER = 기간!

$$PER = \frac{\text{시가총액}}{\text{주당순이익}} \times \text{주가수익비율}$$

PER를 구하기 위해서는 우선 **시가총액**부터 알아야 합니다. 어떤 기업의 주식이 1주에 6만 원이고 시중에 유통되고 있는 주식 수가 100주이면 시가총액은 6만 원 X 100주 = 600만 원이 됩니다. 이렇게 시가총액을 **주당순이익**으로 나누면 주가수익비율이 나오게 됩니다.

알아두기

시가총액: 기업이 발행한 주식에 주가를 곱한 것으로 주식시장에서 평가되는 해당 기업의 가치입니다.

주당순이익: 당기순이익을 보통주의 주식 수로 나눈 값을 말합니다.

결과적으로 PER는 **기간**이라고 생각하시면 됩니다. **주당순이익을 내서 시가총액을 얼마만큼 빨리 이뤄낼 수 있느냐**를 의미하는 것이죠. 즉, PER가 10배라는 것은 10년이 걸린다는 의미입니다. 그렇다면 PER가 높을수록 좋을까요? 낮을수록 좋을까요? 당연히 주당순이익으로 시가총액을 벌어들이는 기간이 짧을수록 좋겠죠? **저 PER가 좋다는 것 기억하세요!**

② PBR

$$PBR = \frac{시가총액}{자기자본} \times 100$$

PBR은 자신이 갖고 있는 것을 모두 팔았을 때 과연 이게 얼마만큼 되냐를 따지는 것입니다. 즉, PBR이 1 미만이면 내가 갖고 있는 자기자본을 모두 팔았을 때 내가 갖고 있는 주식의 시가총액과 같다는 의미입니다. 즉, 주가가 싸다, 저평가되어있다고 해석할 수 있습니다. 따라서 **기업의 PBR을 볼 때는 1을 넘는 것과 1을 넘지 않는 것으로 구분하시면 됩니다.** 1이 넘는 것은 비싸다, 1을 넘지 않는 것은 싸다고 생각하면 되므로 **저PBR이 좋은 것**이죠.

그럼 PBR이 1이 넘어가는 기업이 많을까요? 1 미만인 기업이 많을까요? 1을 넘는 기업이 훨씬 많습니다. 왜냐하면 시가총액에는 상장 프리미엄과 같은 기대치가 들어있기 때문입니다.

③ **EPS = 주당순이익**

$$EPS = \frac{순이익}{주식수} \times 100$$

자신이 산 주식으로 얼마만큼의 수익을 낼 수 있는지, 즉 주당순이익을 얼마나 내는지 구하는 것입니다.

▶ PBR과 PER을 모두 품고 있는 것이 바로 ROE! ⏱ 15분 36초에서 바로 확인

$$ROE = \frac{PBR}{PER} \times 100$$

위의 식에서 PBR이 1이고 PER가 10이라면 이전에 구했던 ROE의 값과 같은 10%가 나오게 됩니다. 그래서 **PER와 PBR이 모두 포함된 것이 ROE라는 것입니다.**

전설적인 투자가 워런 버핏도 장부가치를 믿지 않았지만 꼭 보는 지표가 있었는데요. 바로 PER이 들어있는 ROE입니다.

윌리엄 오닐도 이전에 설명 드렸었는데요. 윌리엄 오닐의 CAN SLIM 법칙에서도 'ROE가 17% 이상인 기업을 사라', 'EPS가 21% 이상인 기업을 사라'라고 나옵니다. 하지만 제가 강조하고 싶은 것은 **'ROE가 분기 3회 또는 연간 3회 15% 이상인 기업을 사라'**는 것입니다.

알아두기

CAN SLIM 법칙: 윌리엄 오닐의 CAN SLIM 법칙은 다음과 같은 의미를 갖고 있습니다.
- C: Current, 분기별 주당순이익 증가율이 최소 20 ~ 28%
- A: Annual, 연간 순이익 증가율이 최소 25%
- N: New, 경영혁신 · 신고가 · 신규투자자
- S: Supply, 발행 수가 적은 주식이 수요와 공급 측면에서 유리함
- L: Leader, 시장의 주도주
- I: Institutional의 매수, 상위 기관투자자가 매수한 주식
- M: Market의 방향, 약세장에서는 4종목 중 3종목이 하락함

▶ ROE 수치에서 확인해야 할 3가지 ⏱18분 48초에서 바로 확인

ROE 수치에서 확인해야 할 3가지 유의점은 꼭 이해하고 있어야 합니다!

① 지속성
그럼 ROE 수치에서 확인해야 할 것은 어떤 것이 있을까요?
앞에서 설명한 것과 같이 ROE를 구할 때는 자기자본과 당기순이익이 필요합니다.

$$ROE = \frac{당기순이익}{자기자본} \times 100$$

자기자본이 분모에 있으므로 자기자본 값을 줄이면 ROE가 커지게 됩니다. 실제로 자기자본을 줄이는 작업은 **배당**을 하거나 **자사주 소각** 등을 통해 할 수 있습니다. 그러나 계속 회계상에서 자기자본을 줄이는 데는 한계가 있죠. 그래서 **ROE는 1회만 보면 안 되는 것입니다. 3회 이상 지속되는지 봐야 합니다.**

② 업종별 ROE
업종별로 ROE가 다르기 때문에 기준 ROE를 잡아야 합니다. 성장성이 큰 기업들과 성장성이 작은 기업들의 ROE는 차이가 있기 때문에 각 업종별로 ROE의 크기를 생각하고 비교해야 합니다. 또한, ROE도 분기 ROE, 연간 ROE, 예상 ROE가 있습니다. 여기서 예상 ROE는 내년도와 내후년도의 예상 PER과 예상 PBR로 구할 수 있습니다.

③ 유보금과 투자금
만약 주당순이익이 많아져서 ROE가 커졌는데 주당순이익을 다른 곳에 재투자하지 않고 그대로 갖고 있다면 예상 ROE가 떨어지게 됩니다. 투자를 해서 성공한다면 ROE가 좋아지겠죠. 반면 ROE는 그대로 있고, 사내 **유보금**만 늘어난다는 것은 투자를 하고 있지 않다는 것입니다. 그럼 예상 ROE가 떨어지겠죠.

배당: 기업은 영업활동을 통해 얻은 이익을 주주에게 배분하는 것입니다. 이 배당에 참여할 수 있는 권리는 주주에게만 있습니다.
자사주 소각: 회사가 자사의 주식을 취득하여 이것을 소각하는 것으로, 발행주식수를 줄여 주당가치를 높이는 방법을 통해 주주이익을 꾀하는 기법입니다.
유보금: 기업이 지출과 투자와 납세를 거쳐 최종적으로 남은 돈을 말합니다.

ROE가 15% 이상인 기업은 유보금이 없을 수가 없습니다. 그러나 3분기 이상 ROE 15%가 넘은 채 유보금만 늘어나고 투자를 하지 않으면 회사가 망할 수도 있는 것이죠. 그래서 유보금을 봐야 한다는 것입니다. 유보금이 계속 쌓이는 것보다는 유보금이 일정 수준만 있고 재투자가 들어가고 있는지를 확인해야 합니다.

▶ 실제 HTS에서 적용하기 ⊙ 24분 13초에서 바로 확인

그럼 실제로 ROE를 어떻게 평가할 수 있는지 기업분석 툴을 통해 확인해봅시다. 영상에서의 수치와 현재 수치가 조금 달라졌는데요. 여기서는 현재 수치를 기준으로 살펴보겠습니다.

HTS에서 삼성전자의 투자지표를 보면 주가관련 지표에 PER가 2014년에 약 11배였고, 2017년 12월에도 약 11배였습니다. 따라서 약 10배 수준이기 때문에 저평가되었다고 판단할 수 있죠. PBR 같은 경우에도 1배 전후이므로 좋은 기업임을 확인할 수 있습니다.

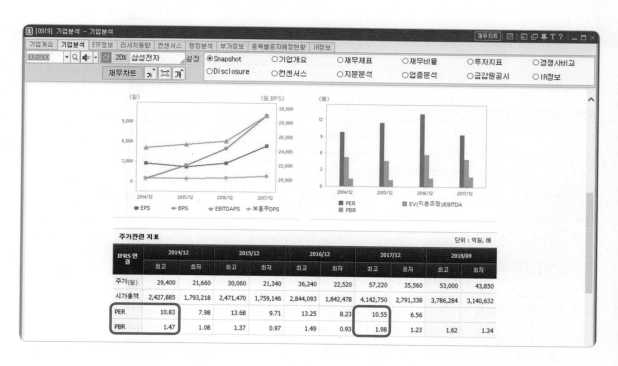

ROE는 재무비율에서 확인할 수 있습니다. 2014년도부터 연간 ROE가 15%, 11%, 13%, 21%, 22% 로 나오고 있습니다. 2017년도 연간 ROE가 21%이기 때문에 분기로 따진다면 2016년부터는 분기 3회 15% 이상이 될 것입니다. 그러므로 2016년에서 2017년으로 넘어가는 분기에 ROE가 3회 15% 이상인 자리가 나오므로 그때 매수했다면 많은 수익을 냈을 것입니다.

판매비와관리비증가율	-2.4	-4.1	3.1	8.2	-8.4
영업이익증가율	-32.0	5.6	10.7	83.5	24.9
EBITDA증가율	-19.1	9.9	5.5	51.7	24.1
EPS증가율	-22.6	-19.0	24.5	98.2	27.6
수익성비율					
매출총이익률	37.8	38.5	40.4	46.0	46.7
세전계속사업이익률	13.5	12.9	15.2	23.5	26.9
영업이익률	12.1	13.2	14.5	22.4	26.1
EBITDA마진율	20.9	23.6	24.8	31.6	36.7
ROA	10.5	8.1	9.0	15.0	15.0
ROE	15.1	11.2	12.5	21.0	21.5
ROIC	22.1	18.9	20.3	33.2	32.2
활동성비율					
총자산회전율	0.9	0.9	0.8	0.9	0.8
총부채회전율	3.3	3.2	3.1	3.1	2.7
총자본회전율	1.3	1.2	1.1	1.2	1.1
순운전자본회전율	16.4	14.2	16.2	25.0	15.4

그 다음으로는 컨센서스를 확인해야 합니다. 컨센서스란 시장 예상치를 말합니다. 삼성전자가 앞으로 얼마만큼 갈 수 있느냐를 예측하는 것이죠. 중요한 것은 '예상'입니다. 주가는 예상할 수 없기 때문에 지표로 예측하는 것입니다. 컨센서스를 보면 미래의 PER, PBR 수치도 적혀 있죠? 이는 모두 예상값으로 **예상 PBR과 예상 PER을 활용하면 예상 ROE를 구할 수 있습니다.**

PER와 PBR로 ROE를 구해보겠습니다. ROE = PBR/PER이므로 아래 그림에서 볼 수 있듯이 2020년의 예상 ROE는 약 1/9 × 100 ≒ 11% 가 나오게 됩니다. 예상 PER가 점점 줄어들고 있으므로 그만큼 회사의 가치가 오르고, PBR 또한 매우 좋아지고 있음을 알 수 있죠.

기업개요 | 기업분석 | ETF정보 | 리서치동향 | 컨센서스 | 랭킹분석 | 부가정보 | 종목별증자예정현황 | IR정보

20% 삼성전자　설정　◉Snapshot　○기업개요　○재무제표　○재무비율　○투자지표　○경쟁사비교
재무차트　○Disclosure　○컨센서스　○지분분석　○업종분석　○금감원공시　○IR정보

컨센서스대비	(%)	-1.48	3.30	-1.32	-4.19	-	-
당기순이익		190,601	227,261	421,867	443,449	303,678	362,110
전년동기대비	(%)	-18.53	19.23	85.63	5.12	-31.52	19.24
컨센서스대비	(%)	-10.98	3.00	0.41	-4.80	-	-
지배주주순이익		186,946	224,157	413,446	438,909	296,736	354,646
비지배주주순이익		3,655	3,104	8,422	-	-	-
자산총계		2,421,795	2,621,743	3,017,521		3,586,195	3,877,053
부채총계		631,197	692,113	872,607	-	894,471	943,746
자본총계		1,790,598	1,929,630	2,144,914	-	2,691,724	2,933,307
지배주주지분		1,728,768	1,864,243	2,072,134	-	2,606,802	2,845,770
비지배주주지분		61,830	65,387	72,780	-	84,923	87,538
자본금		8,975	8,975	8,975	-	8,825	8,825
EPS	(원)	2,198	2,735	5,421	6,462	4,368	5,221
BPS	(원)	21,903	24,340	28,971	-	39,294	42,812
DPS	(원)	420	570	850	-	1,471	1,575
PER		11.47	13.18	9.40	-	10.79	9.03
PBR		1.15	1.48	1.76	-	1.20	1.10

★ 챕터 포인트 ✅

① 장기 투자자라면 연 환산 ROE를, 중·단기 투자자라면 분기 ROE를 확인해야 합니다.

② PER는 주당순이익을 내서 시가총액을 얼마만큼 빨리 이뤄낼 수 있느냐를 나타냅니다. 즉, PER은 기간이라고 생각하면 되고, 수치가 낮을수록 좋습니다.

③ 기업의 PBR을 볼 때는 1을 넘는 것과 1을 넘지 않는 것으로 구분하면 되고, 수치가 낮을수록 좋습니다.

④ PER와 PBR이 모두 포함된 것이 ROE입니다.

⑤ ROE는 3회 이상 확인하여 지속성을 확인하고, 업종별 ROE와 투자금, 유보금도 확인해야 합니다.

챕터 7.
체결량과 거래량.
호가창 읽는 법이 궁금해요.

유튜브
연결하기

QR코드로 영상 보는 법 p.11을 참고!

많은 투자자분들은 '주식 매수물량이 많아야 종목이 오르는 것이 아닐까?'라고 생각하죠. 오늘은 그 생각이 틀렸다는 것을 알려드리려고 합니다. 주식매매 시 너무나 유용하고 중요한 호가창과 그 활용법에 대해 알려드리도록 하겠습니다.

이상우
이상투자그룹
현) 수석 전문가

▶ 호가창에 매도물량이 많아야 주식이 오른다? ⏱ 3분 30초에서 바로 확인

호가창에 나타나 있는 매수, 매도잔량은 체결물량이 아닙니다. 말 그대로 잔량, 즉 남아 있는 물량이죠. 여러분들은 맛있는 음식이 앞에 있을 때 많이 드십니까? 남기십니까? 이것을 주식이랑 연결해 생각해보면 좋은 종목이 있을 때는 많이 먹기 때문에 매수물량이 적게 남습니다. 또한, 높은 가격에 매수를 걸어둔 사람들은 즉시 체결될 것입니다. 이런 사람이 많아질수록 매수잔량은 사라지겠죠?

반면 주식이 떨어질 것이라고 생각한 사람들은 낮은 가격에 매수를 걸어두었기에 매수잔량이 쌓일 것입니다. 이때, 매도잔량이 줄어드는 이유는 종목이 하락하니 손절물량이 나오기 때문입니다.

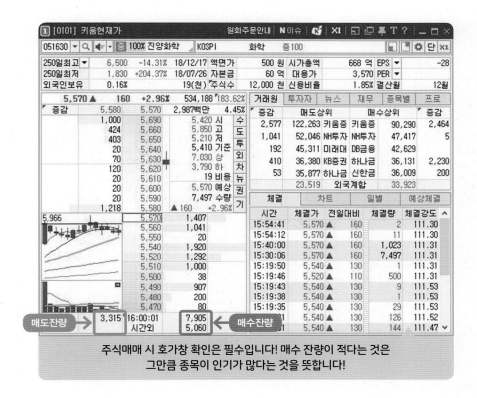

주식매매 시 호가창 확인은 필수입니다! 매수 잔량이 적다는 것은
그만큼 종목이 인기가 많다는 것을 뜻합니다!

▶ 매매에 호가창 활용 시 체크해야 할 것! ⏱8분 10초에서 바로 확인

① 체결량 + 거래량 확인하기

호가창에 체결량은 무엇을 뜻할까요? 바로 매수한 사람들입니다. **거래량이 늘어나면서 체결량이 늘어났다는 것은 이미 매수한 사람이 많다는 것입니다.** 만약 거래량이 늘어나면서 동시에 체결속도가 점차 빨라지고 체결강도가 세진다면 주가도 탄력이 붙어 올라갑니다.

② 거래량 분석하기

장 시작 후 거래량이 전일 동시간 대비 100 ~ 200% 이상 늘어난 종목을 조건검색식을 통해 찾아냅니다. 조건검색식은 [0150] 조건검색에서 '시세분석' → '거래량/거래대금' → '거래량비율(전일 거래량 대비)'를 선택합니다. 분봉 및 100 ~ 200% 등의 세부설정은 개인의 투자성향에 맞게 설정하여 검색하면 됩니다. 그 후 호가창에서 매수 잔량이 적고 매도 잔량이 많은 종목을 잡아내면 단타매매가 충분히 가능합니다.

③ 체결량 분석하기

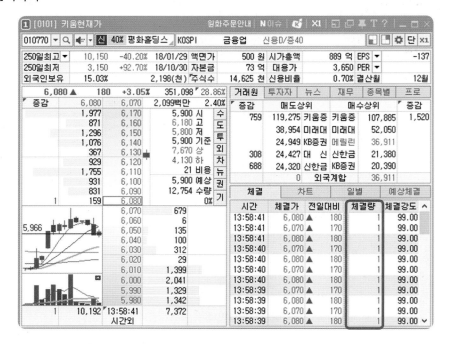

체결량에서 10,000주 이상 물량이 계속 들어오면 좋은 종목입니다. 이때, 체결량에 1이 지속해서 들어오는 경우는 개미를 꼬시는 행위라 볼 수 있어 주의하는 것이 좋지만, 무조건 매수 금지는 아닙니다. **재료**가 있는 종목이 관심유도를 위해 작업하는 경우일 수도 있기 때문입니다. 1과 10,000주 이상 거래가 함께 들어오는 경우에는 개인들이 몰려와 시너지 효과가 날 수 있습니다. 또한, 체결강도가 100 ~ 200% 이상 시에는 빠른 단타도 가능하니 주의 깊게 살펴보시길 바랍니다.

 챕터 포인트 ✓

① 호가창에 나타나는 매수잔량, 매도잔량은 체결물량이 아닌 남아 있는 물량입니다.
② 체결량에서 10,000주 이상 물량이 계속 들어오면 좋은 종목입니다.

 재료: 주가를 움직이게 하는 구체적인 사건이나 정보(뉴스나 공시자료 등)를 말합니다.

챕터 8.

캔들 전격 해부!
20분이면 나도 여의도 주식 전문가!

유 튜 브
연결하기

QR코드로 영상 보는 법 p.11을 참고!

기술적 분석에 필요한 기본 요소를 배우는 시간을 가질 것입니다. 투자자분들이 잘 알고 계시지만 놓치기 쉬운 캔들 분석에 대한 내용을 알려드리려고 하는데요. 캔들을 모르실 것 같아서 설명하는 것이 아니라, 개념을 확실히 하기 위한 것입니다! 또한, 영상 후반부에서는 캔들을 신박하게 해석하는 법에 대해 알려드릴 테니 끝까지 잘 봐주세요!

서석민
이상투자그룹
현) 수석 전문가

▶ 캔들의 의미 ⏱ 2분 10초에서 바로 확인

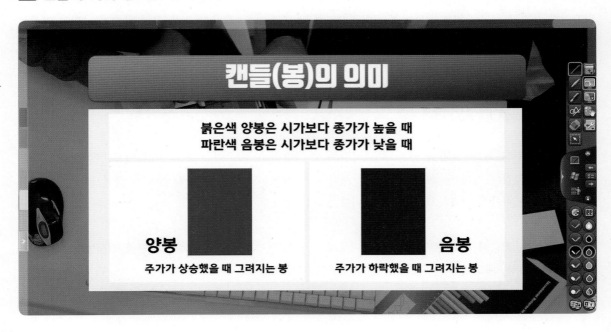

오늘 설명드리는 캔들은 일봉 기준입니다. 어제 가격과는 상관없이 오늘 하루의 움직임을 나타낸 것이 캔들입니다. 붉은색 양봉은 시작 가격보다 끝나는 가격이 높을 때 형성됩니다. 반면 파란색 음봉은 시작 가격보다 끝나는 가격이 낮을 때 형성되죠.

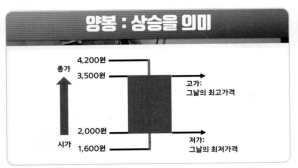 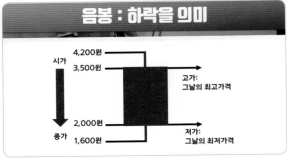

양봉은 상승할 때 나타난다고 했죠? 그럼 장중에 양봉이 어떻게 형성되는지 위 그림을 통해 간략히 살펴볼까요?

왼쪽 그림을 보면 주가가 2,000원에 시작해서 3,500원까지 올라서 양봉이 형성되었습니다. 그리고 장중에 4,200원까지 올라가서 위꼬리가 생겼고, 1,600원까지 떨어져서 아래꼬리가 생겼습니다. 오른쪽 그림은 반대로 3,500원에서 시작해서 2,000원까지 떨어져서 음봉이 형성되었는데, 장중에 4,200원까지 올라 위꼬리가 생겼고, 1,600원까지 떨어져서 아래꼬리가 생긴 것이죠. 중요한 것은 **그날 장이 끝나봐야 양봉이 될지 음봉이 될지 결정된다**는 것입니다.

▶ 신박한 캔들 해석법 ⏱ 5분 6초에서 바로 확인

캔들의 몸통은 전쟁의 결과입니다. 주식시장이 전쟁터라면 매수하는 쪽이 아군이고, 매도하는 쪽은 적군이겠죠. 빨간색 양봉은 우리 편이 이긴 것입니다. 시가보다 종가가 높기 때문에 결국 매수세가 이긴 것이죠. 이것을 아군이 이겼다고 표현하겠습니다.

반대로 음봉은 적군이 이긴 것입니다. 즉, 매도세가 이긴 것이죠. 따라서 **하루 동안의 전쟁에서 매수세가 이겼을 때는 양봉, 매도세가 이겼을 때는 음봉**이 뜬다고 이해하면 됩니다.

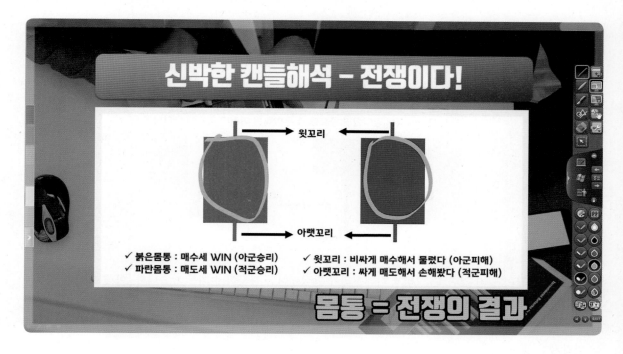

봉은 몸통만 있는 것이 아니라 위꼬리, 아래꼬리가 있죠? 위꼬리, 아래꼬리 해석을 잘해야 캔들을 잘 해석할 수 있습니다.

① 위꼬리가 그려진 경우

높은 가격에 매수한 사람들이 그 가격보다 낮은 가격에서 장이 마감되어 손해를 봤다는 의미입니다. 양봉과 음봉에 상관없이 매수한 사람이 손해를 본 것이니까 **아군이 피해**를 본 것이죠.

② 아래꼬리가 그려진 경우

싼 가격에 매도한 사람들이 그 가격보다 높은 가격에 장이 마감되어 손해를 봤다는 의미입니다. 따라서 **적군이 피해**를 본 것이죠.

① 망치형 양봉

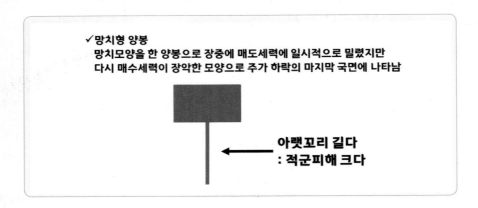

양봉이니까 아군이 이긴 것이죠. 그리고 아래꼬리가 달렸으니까 적군이 손해를 봤습니다. **아래 꼬리가 길수록 적군의 피해가 크다**고 이해하면 됩니다. 따라서 전쟁에서 아군이 아주 좋은 위치에 있는 모습입니다.

② 역망치형 양봉

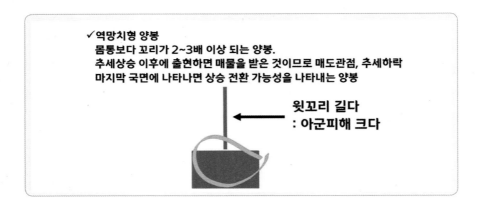

양봉이니까 역시 우리 편이 이겼죠. 그런데 위꼬리가 달렸으니 우리 편의 피해가 많은 것입니다. **위꼬리가 길수록 아군의 피해가 크다**고 이해하면 됩니다. 따라서 우리 편이 작은 승리를 거둔 것과 같습니다. 역망치형 양봉은 꼭대기에서 나타났느냐, 바닥에서 나타났느냐에 따라 의미가 다릅니다. 이것은 실전 사례를 통해 설명드릴게요.

③ 망치형 음봉(교수형)

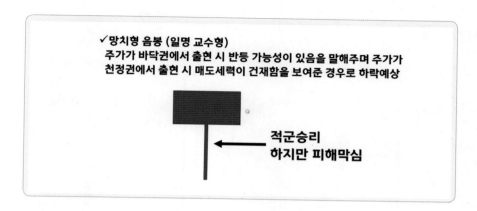

음봉이 나타났으니 적군이 이겼습니다. 그러나 아래꼬리가 달렸으니 적군의 피해가 큰 것이죠. 적군의 힘이 많이 빠진 상태이기 때문에 망치형 음봉이 바닥권에서 나타났을 때는 추후에 반등 가능성이 있음을 뜻합니다.

④ 역망치형 음봉

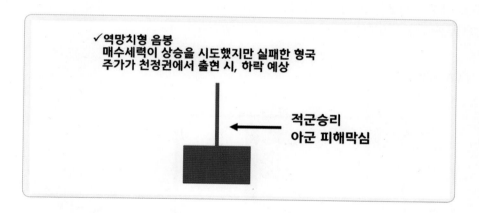

음봉이 떴으니 적군이 이겼습니다. 그런데 위꼬리가 길게 나타났죠. 아군이 큰 피해를 본 것입니다. 즉, 가장 안 좋은 형태의 캔들이라고 할 수 있습니다.

① 캔들분석 CASE 1

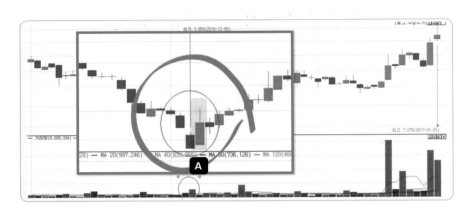

위 그림을 보면 음봉이 많이 나타났죠? 즉, 적군이 이기고 있음을 의미합니다. 아군이 밀리고 있다가 어느 날 큰 양봉(A)이 생겼습니다. 아군이 이긴 것이죠. 대신 양봉에 위꼬리가 달려있으므로 아군이 피해를 본 것입니다. 따라서 아군이 전쟁에서 승리할 수 있는 승기를 잡았으나 그 세력이 약한 것이라고 볼 수 있습니다. 그 부분에 대한 매물이 소화되어야 올라갈 수 있습니다.

② 캔들분석 CASE 2

아군이 이기다가 엄청나게 큰 음봉이 나왔습니다. 캔들의 크기를 이긴 정도라고 생각한다면 아군이 어마어마한 패배를 한 것이죠. 그 다음 날 양봉이 잠깐 나와서 아군이 이길 뻔했지만 바로 밀린 모습입니다.

③ 캔들분석 CASE 3

A를 보면, 파란색이 많으니까 적군이 이기고 있었습니다. 중간에 양봉이 떠서 아군이 이길 뻔했지만 바로 졌죠. 그런데 어느 날 주가가 많이 빠진 상태에서 아군(B)이 이겼습니다. 그런데 위꼬리가 길게 달려 있죠. 이것은 아군이 피해를 많이 본 것입니다. 즉, 비싸게 매수한 사람이 피해를 많이 본 것이죠. 그래서 여기서부터는 매물을 소화하면서 올라가는 과정이 필요합니다.

그다음 C를 보면 아군과 적군이 팽팽하게 싸우고 있죠. 그러다 결국 D에서 아군(E)이 이기게 되었습니다. 그런데 아래꼬리를 길게 달고 있어 적군이 피해를 본 것이죠. 이것을 망치형 양봉이라고 했습니다. 망치형 양봉이 뜨면서, 대량 거래량이 발생하여 아군이 승리를 거둔 모습입니다.

 챕터 포인트 ✓

① 양봉과 음봉은 장이 끝나야 결정되며, 매수세가 이겼을 때는 양봉, 매도세가 이겼을 때는 음봉이 나타납니다.

② 위꼬리가 그려지면 매수자가 손해를 본 것이며, 아래꼬리가 그려지면 매도자가 손해를 본 것입니다.

1일 차 ~ 2일 차 유튜브 흐름타기

1일 차 ▏ Chapter 2

▶ 분할매수, 비중관리 잘하는 법
▶ 분할매수 실전 적용!
▶ 주식자금 운용방법

1일 차 ▏ Chapter 3

▶ 현명한 투자자가 되려면 마음가짐이 중요하다!
▶ 뛰어난 전략은 나를 주식시장에서 승리로 이끈다!

1일 차 ▏ Chapter 1

▶ 세력을 이기는 첫 번째 방법, 시간!
▶ 세력을 이기는 두 번째 방법, 분할전략!
▶ 세력을 이기는 세 번째 방법, 분석력!

1일 차 ▏ Chapter 4

▶ 기업의 자금조달방법은?
▶ 증자 시 주가 하락 이유와 유상증자의 종류
▶ 실제 공시와 차트 확인!

QR코드로 영상 보는 법 p.11을 참고!

 전체 영상
재생목록

2일 차 | Chapter 5

▶ 수급 파악과 거래량 분석을 위한
  기초개념
▶ 빨간 덩치 VS 파란 덩치
▶ 하락하는 주가, 어디서 손절해야
  하나?
▶ 빨갛다고 다 좋은 친구는 아니다
▶ 이런 경우도 있으니 참고하세요

 친절한 개선선생   Q&A

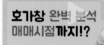

2일 차 | Chapter 7

▶ 호가창에 매도물량이 많아야
  주식이 오른다?
▶ 매매에 호가창 활용 시 체크해야
  할 것!

2일 차 | Chapter 8

▶ 캔들의 의미
▶ 신박한 캔들 해석법
▶ 이해가 중요한 위꼬리, 아래꼬리
  해석법
▶ 봉의 종류와 의미
▶ '캔들의 이해' 실전 적용!

**1~2
일 차**

2일 차 | Chapter 6

▶ 몇 번을 강조해도 지나치지 않은
  ROE!
▶ 이것도 모르고 주식하시면 안돼요!
▶ PBR과 PER을 모두 품고 있는
  것이 바로 ROE!
▶ ROE 수치에서 확인해야 할 3가지
▶ 실제 HTS에서 적용하기

3일 차

Chapter 9.
10분만 보세요! 주식 초보도 누워서 수익 먹는 간단 이동평균선

- 이동평균선이 곧 심리다?
- 이동평균선의 배열, 정배열과 역배열
- 이동평균선의 교차, 골든크로스와 데드크로스

학습 난이도 ★☆☆☆☆

Chapter 10.
주식투자 이것만 알면 하루 100만 원 번다. [다이버전스]

- 다이버전스란?
- 다이버전스의 파악 순서와 종류
- 다이버전스 실제 차트에 적용!

학습 난이도 ★☆☆☆☆

Chapter 11.
꼭 알아야 할 매매전략! 피라미드 전략과 ○○ 전략!

학습 난이도 ★★★☆☆

- ▶ 분할매수의 중요성! 피라미드 전략
- ▶ 피라미드 전략의 단점을 보완한 빌딩 전략에 대해 알아보자!
- ▶ 빌딩전략을 실전에 활용해보자!

Chapter 12.
단타, 데이트레이딩 꼭 알아야 할 30MBO 전략!

학습 난이도 ★☆☆☆☆

- ▶ 단타매매를 할 때 뉴스보다 기술적 접근을 하자
- ▶ 단타매매를 할 때는 거래량과 추세를 체크하라!
- ▶ 데이트레이딩할 때 이것만은 꼭 지켜주세요!
- ▶ 30MBO 전략이란?
- ▶ Trailing Stop(추적청산)

챕터 9.

10분만 보세요!
주식 초보도 누워서 수익 먹는 간단 이동평균선

 유튜브 연결하기

QR코드로 영상 보는 법 p.11을 참고!

오늘은 캔들 분석과 함께 추세 분석의 기초적인 기술적 분석지표인 이동평균선에 대해서 배우도록 하겠습니다. 이동평균선에 대한 영상 중 가장 쉽고 유익하게 알려드릴 테니 짧은 시간동안 집중해서 들어주셨으면 좋겠습니다. 특히나 초보자분들은 오늘 영상이 굉장히 중요하니 집중해 주세요!

서석민
이상투자그룹
현) 수석 전문가

▶ **이동평균선이 곧 심리다?** ⏱ 2분 12초에서 바로 확인

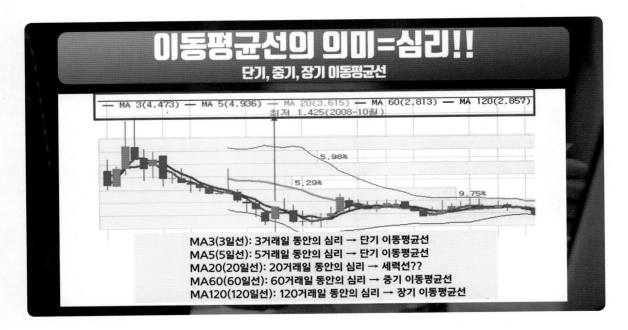

이동평균선은 어떤 의미를 가지고 있고, 어떻게 해석할 수 있는지 배워보겠습니다.

초보투자자분들은 간단하게 '**이동평균선은 심리다**'라고 생각하면 됩니다. 이동평균선이 우상향하고 있는 종목은 '아, 매수 심리가 좋구나'라고 해석하고, 이동평균선이 우하향하고 있는 종목은 '아, 매수 심리가 좋지 않구나'라고 해석하면 되는 거죠.

① **5일 이동평균선** : 5거래일, 즉 1주일간의 매수 심리로 **단기 심리**입니다.

② **20일 이동평균선** : 5거래일씩 4번이니, 한 달간의 매수 심리입니다. **중기 심리**이죠.

③ **200일 이동평균선** : 1년간의 심리로 **장기 심리**입니다.

단기 이동평균선은 단거리 달리기 선수, 장기 이동평균선은 장거리 달리기 선수라고 생각하면 됩니다.

▶ 이동평균선의 배열, 정배열과 역배열 ⏱ 5분 30초에서 바로 확인

① 정배열

이동평균선이 **정배열되어 있는 종목의 특징은 달리는 구간에 있다는 것입니다.** 뛰어가는 구간에서는 장거리 선수보다 단거리 선수가 더 빠르겠죠. 그래서 **단기 이동평균선이 장기 이동평균선보다 위에 있는 것입니다.** 이것이 정배열입니다.

② 역배열

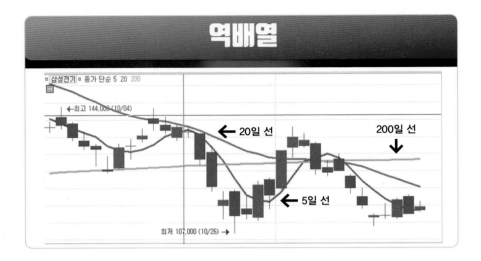

이동평균선이 역배열된 종목의 특징은 쉬어가는 구간이라는 것입니다. 단거리 선수와 장거리 선수가 달리기를 하면 단거리 선수가 먼저 지치겠죠. 그래서 **단기 이동평균선이 장기 이동평균선보다 아래에 위치합니다. 이것이 역배열입니다. 이동평균선이 정배열되어 있는 종목이 좋고, 역배열되어 있는 종목은 좋지 않다고 생각하시면 됩니다.**

▶ **이동평균선의 교차, 골든크로스와 데드크로스** ⏱ **7분 55초**에서 바로 **확인**

골든크로스(Golden Cross)	데드크로스(Dead Cross)
✓ 중기 또는 장기 이동평균선보다 단기 이동평균선이 상승추세임을 의미	✓ 골든크로스와 반대로 장기 이동평균선 중기 또는 장기 이동평균선보다 단기 이동 평균선이 하락하는 추세
✓ 하락하던 주가가 방향 전환을 하면서 상승이 나오는 시점에 단기 이평선이 장기 이평선을 돌파하는 모습을 골든크로스라 함	✓ 이 추세를 매도세, 하락세, 약세라고 함

달리는 구간에서는 더 빠른 단거리 선수가 치고 나가죠. 이처럼 **단기 이동평균선이 장기 이동평균선을 상향 돌파하는 형태를 골든크로스라고 합니다.**

반대로 힘이 빠지는 구간에서는 단거리 선수가 먼저 지치겠죠. 그래서 **단기 이동평균선이 장기 이동평균선을 하향 돌파하는 형태를 데드크로스**라고 합니다. 당연히 주가가 올라가려면 골든크로스가 나왔다가 정배열로 바뀌어야겠죠. 그래서 골든크로스되는 종목이 좋습니다.

 챕터 포인트 ✅

① 5일 이동평균선에는 단기 심리가 반영되어 있고, 200일 이동평균선에는 장기 심리가 반영되어 있습니다.

② 이동평균선이 정배열되어 있는 종목이 좋고, 역배열되어 있는 종목은 좋지 않다고 생각하면 됩니다.

③ 단기 이동평균선이 장기 이동평균선을 상향 돌파하는 형태를 골든크로스라고 하며, 주가 상승의 신호로 판단합니다.

챕터 10. # 주식투자 이것만 알면 하루 100만 원 번다. [다이버전스]

 유 튜 브 연결하기

QR코드로 영상 보는 법 p.11을 참고!

주식투자를 할 때 여러 가지 보조지표를 이용하여 매매를 합니다. 보조지표도 그중에 하나인데요. 오늘은 주가와 보조지표 사이에 벌어지는 상황을 보고 앞으로 주가 흐름을 예측해볼 수 있는 다이버전스에 대해 함께 알아보도록 하겠습니다.

이지은(제니) 이상투자그룹 현) 전문가

▶ 다이버전스란? ⏱ 1분 39초에서 바로 확인

다이버전스는 주가의 추세와 보조지표의 추세가 다르게 움직이는 것을 말합니다. 예를 들어, 주가는 상승하는데 보조지표는 하락한다면 하락 다이버전스가, 반대로 주가는 하락하는데 보조지표는 상승한다면 상승 다이버전스가 나타난다고 하죠. 다이버전스가 나타나면 주가의 흐름이 달라질 수 있습니다. 따라서 **다이버전스를 잘 활용하면 주가의 추세 예측이 가능한 것입니다.**

▶ 다이버전스의 파악 순서와 종류 ⏱ 2분 30초에서 바로 확인

다이버전스 파악 순서는 아래와 같습니다.
① 주가의 움직임과 보조지표의 움직임의 고점과 저점을 연결
② 주가의 움직임과 보조지표의 움직임이 다른 부분을 포착
③ 다이버전스의 유형 파악

다이버전스의 종류는 다음과 같습니다.

① 일반 다이버전스(하락)

주가는 고점이 점점 높아지지만 보조지표는 고점이 점점 낮아지는 모습을 나타냅니다. 이런 경우 주가는 하락하여 약세가 나타나게 됩니다.

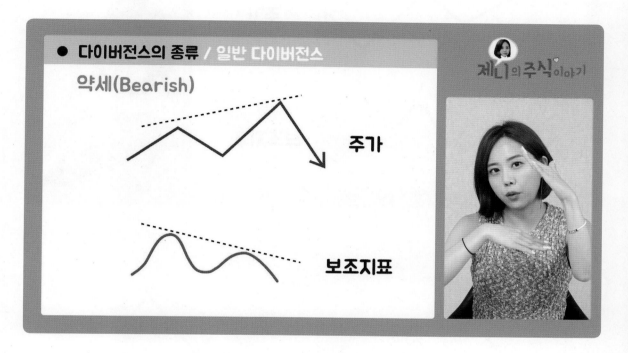

② 일반 다이버전스(상승)

주가는 저점이 점점 낮아지고 보조지표는 저점이 점점 높아지는 모습을 나타냅니다. 이런 경우 주가는 상승하여 강세가 나타나게 됩니다.

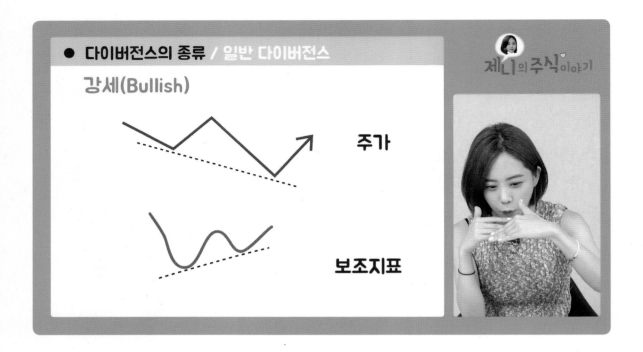

③ 변형 다이버전스(하락)

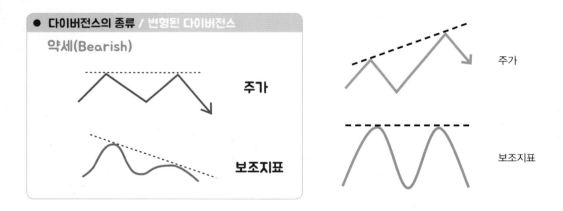

왼쪽 그림처럼 주가는 횡보하고 보조지표는 고점이 낮아지는 경우와 오른쪽 그림처럼 주가는 고점이 높아지지만 보조지표가 횡보하는 경우에도 주가는 하락하게 됩니다.

④ 변형 다이버전스(상승)

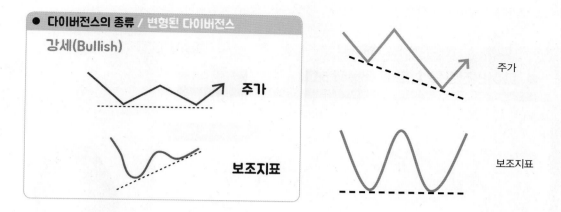

왼쪽 그림처럼 주가는 횡보하는데 보조지표는 저점을 높여 가는 경우와 오른쪽 그림처럼 주가는 저점을 낮춰 가는데 보조지표는 횡보하는 경우에는 주가가 상승하게 됩니다.

▶ 다이버전스 실제 차트에 적용! ⏱ 5분 40초에서 바로 확인

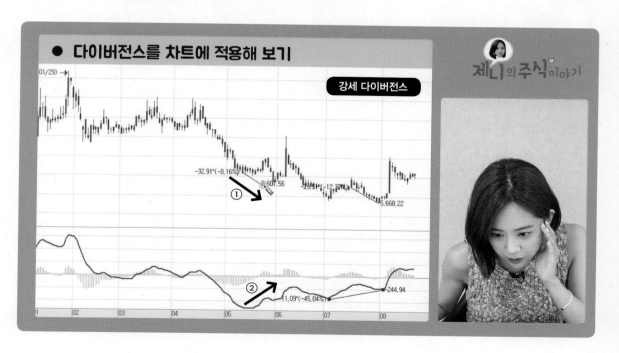

앞의 차트에서 보듯이 주가는 하락(①)하지만 보조지표는 상승(②)하면서 강세 다이버전스가 발생합니다. 이후에 주가가 상승하면서 장대양봉이 나타나는 것을 확인할 수 있습니다.

주가는 상승(①)하지만 보조지표는 하락(②)하면서 약세 다이버전스가 발생하고, 이후 주가가 하락하는 것을 확인할 수 있습니다. 이처럼 주가와 보조지표에서의 움직임이 반대로 나타나는 경우를 잘 확인하면 매매에 도움이 될 것입니다.

 챕터 포인트 ✓

① 다이버전스는 모든 보조지표에 사용 가능합니다.
② 짧은 시간대 차트에서 자주 발생하지만 시간대가 길수록 신뢰도가 높아집니다.
③ 다이버전스는 매매의 기준으로 삼기보다는 참고용으로만 활용하는 것이 좋습니다.

챕터 11.
꼭 알아야 할 매매전략!
피라미드 전략과 ○○ 전략!

QR코드로 영상 보는 법 p.11을 참고!

여러분들의 매매성향은 어떻게 되십니까? 분할매수 하십니까? 아니면 한 번에 모든 비중을 매수 하십니까? 과연 어떻게 해야 할까요? 여러분들의 투자 성공 적중률이 80 ~ 90%가 되고, 손절을 정확하게 하실 수 있다면 한 번에 모든 비중을 넣어 극대화 된 수익률을 내는 게 맞지만 자신이 없고 적중률이 50% 이하라면 분할매매가 답입니다. 오늘은 분할매매를 할 때 종목을 언제, 어떻게 사야 하는지와 비중관리에 대해 알아보도록 할 텐데요. 계좌관리 방법과 함께 공부하시면 여러분들은 절대 실패하지 않고 돈을 벌 수 있는 투자전략을 알게 되실 겁니다.

이상우
이상투자그룹
현) 수석 전문가

▶ 분할매수의 중요성! 피라미드 전략 ⏱ 7분 54초에서 바로 확인

★ 계좌관리 방법
관련 영상 바로 확인!

피라미드는 밑이 넓고 위로 갈수록 점점 좁아집니다. 피라미드 모양은 주식매매에서도 적용이 가능하죠. 피라미드 전략은 처음에 많은 비중을 매수하고 이후에 점차 비중을 줄이며 매수하는 것입니다. 대부분 개인투자자분들은 매수 시에 마음이 급해져 한꺼번에 모든 비중으로 투자합니다. 또는 처음엔 불안감에 조금 매수했다가 주가가 오르는 것을 보고 뒤늦게 상승추세에 편승하고자 점점 비중을 늘려 매수하는 역피라미드형 분할매매를 합니다. 역피라미드형 분할매매는 **평단가**가 점점 높아지기 때문에 주의해야 합니다. 이런 경우에는 주가가 하락하더라도 다시 상승할 것이라는 막연한 기대감에 손절을 못 하고 큰 손실을 만들어 버립니다.

알아
두기

평단가: 보유 주식의 평균 매수 단가를 뜻합니다.

그렇기 때문에 **최초매수를 가장 많이 하고 갈수록 매수 비중을 줄이는 피라미드 분할매매를 해야 합니다.** 이렇게 매수를 하면 평단가가 훼손되지 않고, 상승장에서 더 확실하게 수익을 낼 수 있습니다.

피라미드 매매 전략의 키포인트는 최초매수 시 비중을 가장 높게 하고, 갈수록 비중을 줄여 분할매수하는 것입니다.

▶️ **피라미드 전략의 단점을 보완한 빌딩 전략에 대해 알아보자!** 🕐 **11분 28초**에서 바로 확인

피라미드 전략은 상승장에서 큰 힘을 발휘하지만 하락장에서는 역효과가 날 때도 있습니다. 최초에 많은 비중을 매수했지만 주가가 지속적으로 하락하는 상황에서 추가매수 비중을 줄이면 결국 평단가가 올라가 손해가 커질 수 있습니다.

이처럼 피라미드 분할매매의 단점을 보완한 것이 빌딩 전략입니다. **빌딩 전략은 동일한 비중을 4~5번에 나누어 매수하는 것입니다.** 피라미드 전략이나 빌딩 전략에서 알 수 있듯이 **분할매수하는 습관이 중요**하며, 빌딩 전략은 동일한 비중으로 매수한다는 것을 꼭 기억하세요!

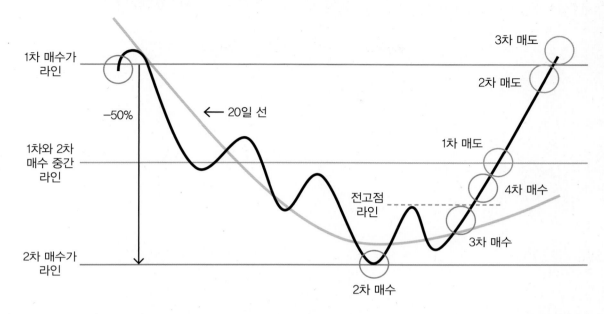

고점에서 매수하여 하락장이 이어질 때, 손해를 볼 수밖에 없을까요? 빌딩기법을 이용해 수익을 내면서 빠져나오는 방법에 대해 설명드리겠습니다.

예를 들어, 여러분의 투자금이 1000만 원이고, 고점에서 100만 원에 1차 매수를 했습니다. 이후 주가는 하락과 소폭의 상승을 반복하며 50%까지 떨어집니다. 주가가 하락할 때 만들어진 각 저점은 손절라인이지만 이마저도 지키지 않아 주가가 반토막 난 상황이죠. 주가가 50%까지 떨어졌지만 이 지점에서 곡기법이 완성됐다면 2차 매수(100만 원)를 합니다. 사실 이 지점에서 1차 매수가 이뤄져야 제일 좋지만 고점에서 1차 매수한 상황을 가정했기에 2차 매수가

이뤄지는 것이죠. 2차 매수가 완료되면 평단가는 75만 원이 됩니다. 위 그림에서 주가는 단기적으로 상승과 하락을 반복하며 N자형 패턴을 그립니다.

만약 2차 매수 후, 주가가 계속 상승한다면 비중을 다 못 채웠더라도 수익 실현을 하면 됩니다. 20일선(노란색 선) 밑으로 내려갔던 주가가 20일선 위로 다시 올라오면 3차 매수(100만 원)를 합니다. 그리고 전고점을 돌파하면 4차 매수(100만 원)를 합니다. 빌딩 전략을 이용해 100만 원씩 총 4번의 매수를 한 것이죠.

매도는 언제 해야 할까요? 최초 매수 지점과 2차 매수 지점의 중간까지 주가가 올라오면 1차 매도를 합니다. 이후에도 상승추세를 이어간다면 2차 매도를 하고, 최초 매수 지점을 돌파하면 3차 매도합니다.

★ **챕터 포인트** ✅

① 최초매수를 가장 많이 하고 갈수록 매수 비중을 줄이는 피라미드 분할매매를 해야 합니다.
② 빌딩 전략은 동일한 비중을 4 ～ 5번에 나누어 매수하는 것입니다.
③ 분할매수하는 습관을 갖는 것이 가장 중요합니다.

챕터 12.

단타, 데이트레이딩
꼭 알아야 할 30MBO 전략!

유튜브
연결하기

QR코드로 영상 보는 법 p.11을 참고!

많은 개인투자자분들이 관심을 가질 매매기법을 소개드리려고 합니다. 스윙매매나 중장기매도도 좋을 수 있지만 개인투자자분들이 좋아하는 건 역시 단타매매겠죠? 그래서 높은 확률의 단타매매 접근법과 단타매매 시 유의할 점을 살펴볼 예정입니다. 변동성이 잦은 장 초반에 시초가부터 무리하게 매매를 하는 투자자분들이 많습니다. 방향이 정해지지 않은 장 초반에 어떻게 매수시점과 매도시점을 잡을 수 있는지 알려드리겠습니다!

김길성
이상투자그룹
현) 수석 전문가

▶ 단타매매를 할 때 뉴스보다 기술적 접근을 하자 ⏱ 4분 5초에서 바로 확인

단타매매를 할 때 뉴스가 나온 시점은 매수하기에 늦습니다. 차트에는 뉴스가 선반영되어 주가가 이미 오른 상태이기 때문이죠. 이슈가 있는 상황에서 뉴스에 노출되면 투자자의 입장에서는 심리적으로 흔들리게 됩니다. 그러므로 데이트레이딩(Day Trading) 매매 시에는 뉴스보다 기술적인 접근이 더 객관적인 경우가 존재합니다.

알아
두기

데이트레이딩: 주가나 거래량 등의 기술적 지표에 의해 시세차익을 얻는 단타매매기법으로 당일매수, 당일매도를 원칙으로 합니다.

▶ **단타매매를 할 때는 거래량과 추세를 체크하라!** ⏱ **5분 45초**에서 바로 확인

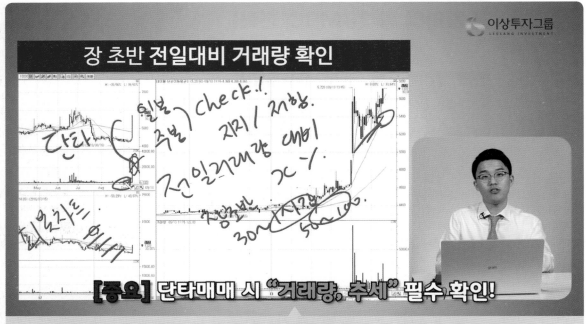

단타매매를 할 때는 거래량을 잘 봐야 하고, 그날의 시세분출이 발생했는지도 중요합니다. 제가 항상 강조하는 내용이 있습니다. 거래량이 이미 급증한 상황이라면 오히려 시장에 안 들어가는 것이 좋습니다.

단타매매를 할 때는 일봉차트, 주봉차트같이 주기가 긴 차트를 먼저 확인해야 합니다. 또한, 상단이나 하단에 지지나 저항선이 있는지도 체크해야 합니다. 이때 중요한 것은 거래량입니다! 장 초반에 30분이나 1시간 동안 전일 거래량 대비 몇 퍼센트의 거래량이 나오는지 확인해야 합니다. 만약 전일에 거래량 급증이 나왔다면 당일에는 거래량이 조금밖에 나오지 않겠죠. 전일 거래량 급증 이후 다음 날은 거래량이 줄어드는 경우가 많습니다.

피봇차트 영상에서 설명했듯이 차트에는 5개의 선이 나옵니다.

---——————————————————— 2차 저항선
---——————————————————— 1차 저항선
---——————————————————— 기준선
---——————————————————— 1차 지지선
---——————————————————— 2차 지지선

★ 피봇
관련 영상 바로 확인!

피봇매매의 핵심은 장중에 2차 저항선을 상향 돌파했다면 그날에 시세분출이 발생할 수도 있다는 것입니다. 단기적인 급등이 나왔을 때는 주기가 짧은 분봉차트를 보는 것이 좋습니다. 단기적으로 상승폭이 큰 만큼 하락폭이 더 커질 수 있기 때문에 기준점을 잡아야 합니다. **단기적 급등 발생 시 분봉 기준으로 대응하며, 5일 이동평균선, 10일 이동평균선을 이탈하지 않으면 홀딩하는 전략을 세워야 합니다.**

▶ 데이트레이딩할 때 이것만은 꼭 지켜주세요! ⏱ 10분 49초에서 바로 확인

30MBO 전략을 설명하기 전에 데이트레이딩 매매 시 유의할 점에 대해 말씀드리면, **데이트레이딩을 할 때는 '당일매수, 당일매도' 원칙을 지켜야 합니다.** 많은 개인투자자분들이 자신은 데이트레이더라고 말하지만 손실이 발생하고 있다면 당일매도를 하지 않고 현재 취하고 있는 포지션을 더 가져가려고 하죠.

하지만 데이트레이딩의 장점은 밤 사이에 일어날 수 있는 오버나이트(Over-night) 리스크에 노출되지 않는다는 것입니다. 당일매도를 하지 않으면 제일 큰 장점이 단점으로 바뀌게 되니 데이트레이딩 관점으로 접근하였다면 꼭 당일매수, 당일매도해주세요!

▶ 30MBO 전략이란? ⏱ 12분 22초에서 바로 확인

30MBO 전략은 **채널** 돌파형이라고 합니다. 30MBO의 뜻을 살펴보면 30M은 30minutes(30분), BO는 Break Out(돌파했다)라는 뜻입니다. 장 초반에 30분 동안 고가와 저가가 형성되는 가격대 즉, 주가 채널에서 주가가 움직인다는 것입니다. 즉, 장 초반의 30분은 매수세력과 매도세력의 힘겨루기가 가장 큰 시기라는 것이죠. 그래서 30분 동안은 매매를 하지 말고, 주가의 흐름을 파악한 후에 접근하는 것이 좋습니다.

30분 동안 형성된 고가 저가의 상단이나 하단을 돌파하는 순간 그 방향으로 흐름이 이어질 가능성이 크기 때문에 이때가 매수시점이 되는 것입니다. 주식의 경우에는 신규 진입으로는 매수만 가능하기 때문에 채널 상단 돌파 시에만 집중하면 됩니다.

알아두기

채널: 주가 채널이란 일정한 지지추세선과 저항추세선이 존재하여 하나의 범위를 만들면서 움직이는 상태를 말합니다. 이런 채널에는 평행한 주가 채널과 확장형 채널, 축소형 채널이 있습니다.

이상투자그룹
LEESANG INVESTMENT

오늘의 핵심!
30MBO전략? (30 Minute Break Out)

그럼 왜 30분 있다가 신규진입을 할까요? 여기서 상당히 중요한 포인트가 나오는데요.
시초가 매매를 하다보면 장 중 변동성의 폭이 빠르게 등락을 합니다. 그래서 가격형성이 될 때까지 30분이라는
시간동안 시장에서 한 발자국 떨어져 한 번 더 생각하는 것입니다.

▶ **Trailing Stop(추적청산)** ⏱️ **16분**에서 바로 확인

30MBO 전략으로 장 초반에 매수타이밍을 잡는 법을 알았다면 매도타이밍은 어떻게 잡아야 할까요?
Trailing Stop(추적청산)에 대해 간단히 설명드리겠습니다.

주가가 지속적으로 고가를 갱신할 때, 매수 진입 이후 최고가 대비 5 ~ 10% 조정 시 매도시점으로 잡습니다.
상승 추세에서 고점을 갱신 중인 가격을 기준으로 매도하기 때문에 수익을 극대화할 수 있는 전략입니다.

수익 극대화 전략이 가장 중요한 점은 주가의 상승 모멘텀을 끝까지 가져가면서 매매를 해야 한다는
점입니다. 개인투자자분들은 본인이 추세추종형 매매를 한다고 생각하지만, 실제로 추세매매의 성공
필수조건인 수익 극대화 전략을 실행하지 않는 경우가 많습니다.

개인투자자분들은 추세매매의 특성상 승률이 30 ~ 40% 정도인데도 **손절**은 깊게 잡고, **익절**은 짧게 잡죠. 추세추종형 매매는 손절을 짧게 잡고, 익절을 길게 잡아야 합니다.

⭐ 챕터 포인트 ✅

① 단타매매를 할 때는 일봉차트, 주봉차트같이 주기가 긴 차트를 먼저 확인하고, 상단이나 하단에 지지나 저항선이 있는지도 체크해야 합니다.

② 단타매매 시 단기적 급등이 발생할 경우에는 분봉차트를 살펴보며, 5일 이동평균선, 10일 이동평균선을 이탈하지 않으면 홀딩하는 전략을 세웁니다.

③ 데이트레이딩을 할 때는 '당일매수, 당일매도'를 원칙으로 합니다.

④ 30분 동안 형성된 고가와 저가의 상단이나 하단을 돌파하는 순간, 그 방향으로 흐름이 이어질 가능성이 크기 때문에 이때가 매수시점이 됩니다.

⑤ 추적청산은 주가가 지속적으로 고가를 갱신할 때, 매수 진입 이후 최고가 대비 5 ~ 10% 조정 시 매도시점으로 잡습니다. 상승 추세에서 고점을 갱신 중인 가격을 기준으로 매도하기 때문에 수익을 극대화할 수 있습니다.

알아두기

손절: 손절매의 줄임말로 보유 중인 주식이 손실 중일 때, 더 큰 손실을 방지하려고 매도하는 것을 말합니다. 반대말로는 익절이 있으며 수익 중에 매도하는 것을 말합니다.

익절: 손절의 반대말로 수익 중에 매도하는 것을 말합니다.

4일 차

Chapter 15.

기본 중의 기본! "그랜빌 투자전략" 최적의 매수 · 매도 타이밍 포착! 2탄 [매도편]

▶ 그랜빌의 매도전략 4가지!
▶ 그랜빌 투자전략 실전 적용!

학습 난이도 ★☆☆☆☆

Chapter 16.

개미가 세력을 이기는 방법 2탄 [차트편]

▶ 차트 활용법 1. 엘리어트 파동!
▶ 차트 활용법 2. 20일 이동평균선 활용!

학습 난이도 ★☆☆☆☆

챕터 13.
기본 중의 기본! 꼭 지켜야 할
"4박자 투자법"

유 튜 브
연결하기

QR코드로 영상 보는 법 p.11을 참고!

여러분들 중에 주식을 오랫동안 하셨던 분들은 '4박자 투자법'에 대해 많이 들어보셨을 것입니다. 제가 만든 것은 아니고, 여러 많은 전문가들이 3박자 투자법, 4박자 투자법에 대해 많이 언급하는데요. 저는 오늘 아주 쉽고 깔끔하게 4박자 투자법에 대해 설명드리려고 합니다. 여러분들이 이해하기 쉽게 '실.수.자.재' 네 글자로 정리하였으니 한번 힘차게 외치고 시작하도록 하겠습니다!

이상우
이상투자그룹
현) 수석 전문가

▶ 실.수.자.재의 '실'은 바로 실적! ⏱ 4분 10초에서 바로 확인

기업분석에서 제일 중요한 것은 기본적 분석입니다. 이 기업이 어느 정도의 가치가 있고, 얼마만큼의 매출을 내느냐를 알아야겠죠. 다시 말해 **실적이 중요**하다는 것입니다. 그럼 실적은 어떻게 판단할까요?

첫째, 기업이 안전한지 판단해야 합니다. 바로 **부채비율이 200% 이하인지 확인**하는 것이죠. 만약 자신이 투자하려고 하는 기업의 **부채비율**이 50% 라고 한다면, 과연 좋은 기업일까요? 아닙니다. 부채가 낮다는 것은 그만큼 레버리지 활용을 못한다는 의미가 되기도 하기 때문이죠.

알아
두기

부채비율: 기업이 보유한 자산 중 부채가 차지하는 비율을 말합니다.

앞으로 내가 어떤 종목을 사야겠다고 생각했다면 실.수.자.재를 써놓으세요!
그리고 평가표를 만드세요! 실적이 몇 점인지, 수급이 몇 점인지, 각 항목에 대해 점수를 매겨보세요!

둘째, 기업의 성장성을 확인해야 합니다. 유명한 월가의 투자자 윌리엄 오닐의 CAN SLIM 법칙에서는 연 ROE가 15% 이상인 기업은 무조건 투자하라고 했습니다. 하지만 우리는 장기투자보다 단타를 더 많이 하기 때문에 1년 단위가 아닌 분기별로 확인하면 됩니다. 즉, ROE가 3분기 이상 꾸준히 15% 이상인 종목이면 성장성이 좋다고 판단하면 됩니다.

★ ROE 관련 영상 바로 확인!

알아두기

CAN SLIM 법칙: 윌리엄 오닐의 CAN SLIM 법칙은 다음과 같은 의미를 갖고 있습니다.
    C: Current, 분기별 주당 순이익 증가율이 최소 20 ~ 28%
    A: Annual, 연간 순이익 증가율이 최소 25%
    N: New, 경영혁신, 신고가, 신규투자자
    S: Supply, 발행 수가 적은 주식이 수요와 공급 측면에서 유리함
    L: Leader, 시장의 주도주
    I: Institutional의 매수, 상위 기관투자자가 매수한 주식
    M: Market의 방향, 약세장에서는 4종목 중 3종목이 하락함
ROE: 투입한 자기자본이 얼마만큼의 이익을 냈는지를 나타내는 지표로 자기자본이익률이라고 합니다.

▶ 실.수.자.재의 '수'는 바로 수급! ⏱ 10분 50초에서 바로 확인

그럼 여러분들은 어떻게 매매해야 할까요? 절대로 기관이나 외국인이 살 때 사야합니다!
우리는 기관보다 빨라야 합니다. 외국인이 사는 것처럼 사야합니다! 주식은 역발상입니다!

실적을 확인했다면 그 다음은 수급을 확인해야 합니다. **외국인, 기관, 국민연금, 투자신탁의 매매 동향을 확인하는 것입니다.** 각 투자자별로 투자성향도 파악하고 있어야 합니다. 외국인은 주가가 하락할 때 매수하고, 상승하면 매도합니다. 반면 기관은 주가가 하락할 때는 매수하지 않고, 상승할 때 매수하죠.

그럼 개인투자자는 언제 매수할까요? 대부분의 개인투자자는 기관이 매수한 후에 이어서 매수합니다. 그렇기 때문에 기관이 매도하면 주가가 빠지면서 손해를 보게 되는 것이죠. 따라서 우리는 외국인 투자자처럼 기관보다 빠르게 매수해야 합니다!

수급은 HTS의 '투자자별 매매동향 → 종목별투자자'에서 확인할 수 있습니다. 이 툴에서 확인하고 끝나는 것이 아니라 차트에 기관과 외국인 매수를 추가해 놓으면 더 편리하게 HTS를 이용할 수 있습니다. 많은 도움이 될 것입니다!

기술적 분석은 모르시면 안 됩니다. 많은 분들이 제가 설명드렸던 차트 매매기법을 알고 계시고 제 영상을 10번씩 보시면서 멘트까지 기억해주시는 분들이 많더라고요. 앞으로도 더욱 분발하셔야 하고 혹시 모르시는 분들은 더 공부하셔야 합니다!

세 번째로 확인해야 할 것은 바로 차트입니다! 좋은 차트와 나쁜 차트는 어떤 기준으로 구분할까요? 바로 콕기법, 삼중바닥, 옷걸이기법 등 다양한 방법으로 긍정적인 신호를 찾는 것입니다. 유튜브 영상에서 많은 기법들에 대해 설명하였으니, 관련 영상 확인 후 매매에 적용하면 큰 도움이 될 것입니다.

★ 삼중바닥, 옷걸이기법 관련 영상 바로 확인!

▶ **실.수.자.재의 '재'는 바로 재료!** ⏱ **19분 30초**에서 바로 확인

어떤 정보가 들어왔을 때 이 정보가 강력한 것이냐 아니냐의 기준을 알아야 합니다! 이 기준이 뭐냐,
바로 매출 연관성, 이것이 가장 중요합니다. 매출과 얼마나 연관될 수 있는지를 알아야 한다는 것입니다.

마지막으로 **재료**를 확인해야 합니다. 요즘에는 다양한 경로로 정보를 쉽게 접할 수 있습니다. 정보의 비대칭성이 없어지고, 누구에게나 정보가 오픈되어 있다는 것이죠. 따라서 우리에게는 정보를 아는 것보다 정보를 접했을 때 분석해내는 능력이 필요합니다!

주식시장에서 정보가 들어왔을 때 좋은 정보인지, 나쁜 정보인지 구분할 수 있는 기준이 있어야 합니다. 이것은 바로 **재료와 매출의 연관성을 판단하는 것**이죠. 단지 매출에 연관이 있는지 확인하는 것에서 그치지 않고 **매출에 끼치는 영향이 단기적인지, 중기적인지, 장기적인지까지 확인해야 합니다.**

(알아두기) 재료: 주가를 움직이게 하는 구체적인 사건이나 정보(뉴스나 공시자료 등)를 말합니다.

재료는 관심 있는 기업을 직접 포털 사이트에 검색하여 뉴스를 확인하거나, HTS에서도 확인할 수 있습니다. 장 시작 직전인 8시 58분, 59분에 뜨는 뉴스는 급등 재료일 수 있기에 그 날은 단타매매로 수익을 올릴 가능성이 높으니 잘 확인해야 합니다.

이렇게 실.수.자.재를 확인하며 각각의 항목에 점수를 매겨서 점수가 좋다고 판단된다면 해당 종목을 계속 가져가는 것이 좋습니다. 그러나 2개 이상의 항목에서 문제가 있다고 판단되면 좀 더 지켜본 후 매매해야 합니다.

★ 챕터 포인트 ✅

① 실적을 통해 안정성을 판단해야 하며, 부채비율이 200% 이하인지 확인하는 것이 좋습니다.

② 실적을 통해 성장성을 판단해야 하며, ROE가 3분기 이상 꾸준히 15% 이상인 종목을 선택합니다.

③ 수급을 통해 매매 동향과 투자자별 투자 성향도 파악해야 합니다.

④ 콕기법, 삼중바닥기법, 옷걸이기법 등 다양한 방법을 통해 차트에서 긍정적인 신호를 찾습니다.

⑤ 재료가 매출에 끼치는 영향이 단기적인지, 중기적인지, 장기적인지까지 확인해야 합니다.

챕터 14.

기본 중의 기본! "그랜빌 투자전략"
최적의 매수·매도 타이밍 포착! 1탄 [매수편]

유튜브
연결하기

QR코드로 영상 보는 법 p.11을 참고!

주가가 큰 폭으로 내려갈수록 우리는 공부해야 합니다. 그래야 거점에서 매수하여 더 큰 수익을 얻을 수 있죠. 오늘은 조셉 그랜빌이라는 월가의 투자자가 만든 투자전략에 대해 강의하려고 합니다. 이 전략은 테크니컬 애널리스트들이 자격증을 취득할 때도 가장 먼저 알아야 할 투자전략입니다. 많은 투자자 분들이 알고 있는 전략이지만 정확히 어떻게 활용해야 하는지는 잘 모릅니다. 오늘 영상을 통해 그랜빌 투자전략으로 최고의 매매 타이밍을 잡는 법을 알려드리겠습니다. 그럼 시작하겠습니다.

이상우
이상투자그룹
현) 수석 전문가

▶ **그랜빌의 매수전략 4가지!** ⏱ 2분 16초에서 바로 확인

그랜빌의 투자전략은 매수전략이 4가지, 매도전략이 4가지입니다. 그랜빌은 이동평균선에 집중했습니다. 이동평균선은 일정기간 동안의 주가를 평균 낸 것을 나타내는 선으로 중장기적 **모멘텀**을 어떻게 끌어갈 수 있는지 예측하는 지표입니다. 이동평균선을 기점으로 주식이 파동을 그리면서 이격 관계(**이격도**)를 끌고 가는 방법을 모색한 것이 그랜빌의 투자전략입니다. 이 전략은 중장기성 투자전략보다는 시장 악재 시 단기 대응이 중요한 장세에 유용한 단기성 전략입니다.

▶ 그랜빌의 투자전략으로 매수 타이밍 포착하기 ⏱ **4분 13초**에서 바로 확인

앞으로 보여드릴 그림에서 공통적으로 보이는 파란색 선은 이동평균선입니다. **단기투자를 할 때는 20일 이동평균선을 기준으로 하고, 장기투자를 할 때는 200일 이동평균선을 기준으로 하면 됩니다.**

① 매수전략 1

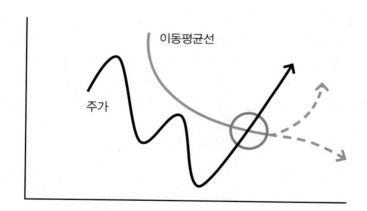

위 그림은 이동평균선이 내려가는 상태에서 주가가 다시 올라갈지, 내려갈지 모르는 상태입니다. 주가가 파동을 그리다가 이동평균선을 돌파하고 있죠. 그럼 언제 매수해야 할까요? 바로 주가가 이동평균선을 돌파하는 그 시점, 동그라미 부분이 매수 포인트입니다. 바로 **골든크로스** 지점입니다!

모멘텀: 금일의 가격과 그전의 가격을 비교해서 주가 추세속도가 증가하는지, 감소하는지를 나타내는 말입니다.
이격도: 주가가 이동평균값으로부터 어느 정도 차이가 있는가를 나타내는 지표입니다.
골든크로스: 단기선이 중기선을 위로 뚫고 올라가는 것으로 대개 주가 상승을 예측하여 매수신호로 해석됩니다.

② 매수전략 2

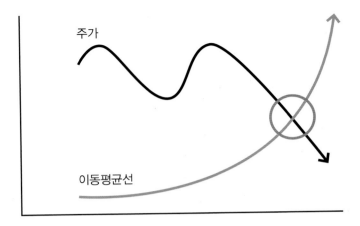

위 그림은 이동평균선이 우상향하고 있죠. 바람이 불면 역행하지 못하고 바람이 부는 방향으로 이끌려가듯이, 이동평균선을 큰 바람이라고 생각한다면 주가도 결국은 우상향하게 된다는 뜻입니다.

이동평균선이 우상향 흐름을 띄고 주가는 이동평균선 밑으로 하향이탈하는데 그랜빌은 매수하라고 합니다. 그럼 언제 매수해야 할까요? 바로 동그라미 부분에서 매수해야 하는 것이죠.

매수 포인트에서 매수를 했는데도 불구하고 주가가 올라가지 못하고 더 떨어진다면 어떻게 해야 할까요?

이동평균선은 우상향하고 주가가 이동평균선 아래로 하향 이탈할 때 그랜빌 두 번째 전략에서는 이것을 일시적인 하락이라고 말합니다. 저는 이때 반드시 확인하는 작업을 하라고 말씀드리고 싶습니다. 즉, 반등을 확인하고 사야 한다는 것입니다. 주가와 이동평균선의 이격 간격이 넓을수록 반등 시 더 큰 주가 상승을 할 수 있기 때문입니다. 이것이 바로 두 번째 전략의 키포인트입니다.

③ 매수전략 3

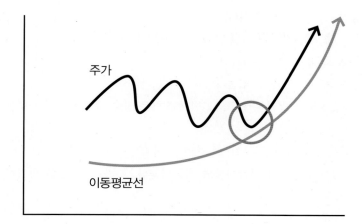

세 번째 전략도 두 번째 전략과 비슷합니다. 세 번째 전략은 주가가 이동평균선 가까이 왔을 때 하락하지 않고 이동평균선을 따라 올라가는 모습입니다.

④ 매수전략 4

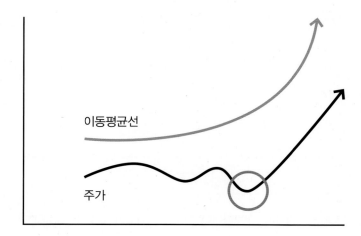

네 번째 전략은 상승세인 이동평균선보다 주가가 낮은 상태에서 이동평균선과 가까워질 때 주가가 급등하는 모습입니다.

각 전략은 상승하는 시점에 따라 초기, 증기, 말기로 나뉩니다.

첫 번째 전략은 하락 말기 즉, 상승 초기입니다. 주가 상승 초기에 골든크로스가 나와야 합니다.

두 번째 전략은 주가 상승 초, 중, 말기에 모두 나올 수 있습니다.

세 번째 전략은 주가 상승 초, 중기에 나올 수 있습니다.

네 번째 전략은 주가 상승 초기에 나올 수 있습니다.

중기에는 두 번째, 세 번째 전략이 많이 나오고, 네 번째 전략은 상승 완전 초기 급등주에서 많이 나옵니다.

중요한 것은 이동평균선이 올라가고 있는지, 주가와의 이격도가 큰지 확인해야 한다는 것입니다. 또한, 이동평균선이 올라가고 있는데 주가가 하락한다면 이동평균선, 주가, 이격도를 확인하고 매매해야 합니다. 언제까지 주가가 내려갈지 모르니까요!

 챕터 포인트 ✅

① 이동평균선이 하락세에서 벗어나 횡보하거나 상승하는 상황에서 주가가 이동평균선을 상향 돌파할 때 매수합니다.

② 주가가 큰 폭의 상승이 없는 상태에서 상승 중인 이동평균선에 접근해 하향 이탈할 때 매수합니다.

③ 상승세인 이동평균선을 향해 하락하던 주가가 하향 이탈하지 않고 다시 오를 때 매수합니다.

④ 상승세인 이동평균선보다 주가가 낮은 상태에서 이동평균선과 가까워질 때 매수합니다.

챕터 15. 기본 중의 기본! "그랜빌 투자전략" 최적의 매수 · 매도 타이밍 포착! 2탄 [매도편]

유 튜 브
연결하기

QR코드로 영상 보는 법 p.11을 참고!

주식투자에서 이 타이밍에 지금 매수를 해야 하는지, 매도를 해야 하는지 어려울 때 어떻게 해야 할까요? 앞서 그랜빌 매수 전략 영상에서 알려드린 것처럼 확인 작업을 해야 합니다! 주가와 이동평균선의 관계와 반등여부를 확인하지 않고 움직이면 절대 안 됩니다. 아시겠죠? 반드시 확인하세요!

이상우
이상투자그룹
현) 수석 전문가

▶ 그랜빌의 매도전략 4가지! ⏱ 54초에서 바로 확인

① 매도전략 1

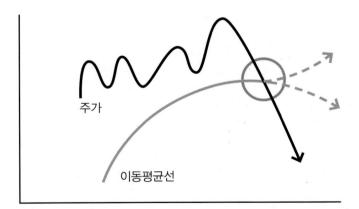

첫 번째 전략은 이동평균선이 꾸준히 올라와 있는 상태에서 주가가 이동평균선 위에 있다가 하향 이탈하는 모습입니다. 즉, **데드크로스**인 것이죠. 이때는 여러분들도 알다시피 매도해야 합니다.

② 매도전략 2

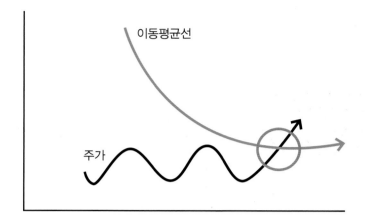

2번의 매도 포인트가 그랜빌의 매수 전략 1번인 골든크로스 지점이 아니냐고 묻는 분들도 계실 텐데요. 맞습니다. 그런데 이동평균선의 추세가 중요합니다. 그랜빌의 매수 전략 1번의 경우에는 이동평균선이 하락하다가 **횡보**하는 구간에서 주가가 상향 돌파한 것이고, 이번에는 **이동평균선이 하락 추세**에 있는 것입니다. **주가는 상승한다 하더라도 이동평균선의 하락추세에 영향을 받는 일시적인 움직임**이라는 것이죠. 그러나 주가가 일시적으로 엄청나게 상승할 수도 있기 때문에 매도해야 하는 것이 맞는지 확인 작업이 필요합니다.

알아두기

데드크로스: 단기선 중장기선을 아래로 뚫고 내려가는 것으로 대개 주가 하락을 예측하여 매도신호로 해석됩니다.
횡보: 주가가 크게 상승하거나 하락하지 않는 모습을 말합니다. 주가 움직임의 변동폭이 크지 않아 캔들차트가 마치 옆으로 선을 긋는 모양과 같을 때를 말합니다.

③ 매도전략 3

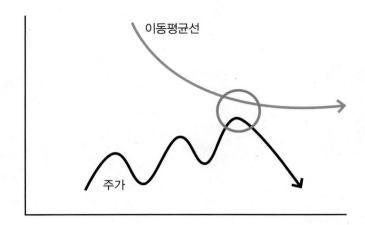

세 번째 전략은 이동평균선은 하락하고 있고, 주가가 이동평균선을 돌파하지 못하고 다시 하락하는 경우입니다. 이럴 때는 매도해야 합니다.

④ 매도전략 4

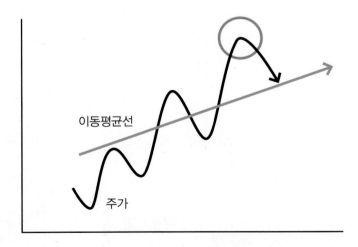

네 번째 전략이 어려운데요. 상승 모멘텀에서 주가가 이동평균선을 상향 돌파했습니다. '그럼 매수 아닌가요?' 라고 묻는 분들이 있습니다. 이것은 **상승 말기**입니다. 그럼 상승 초기와 중기와 말기를 어떻게 구분하는지 궁금하죠? **반등이 3개, 즉 봉우리가 3개 나오면 상승 말기입니다.** 주가가 상승하고 있는 이동평균선을 넘어 급등할 때, 이미 이동평균선과 이격이 많이 벌어졌다면 매도해야 합니다. 추후에 주가가 이동평균선을 향해 하락할 가능성이 크기 때문입니다.

▶ 그랜빌 투자전략 실전 적용! ⏱ 8분 47초에서 바로 확인

① 텔콘RF제약

적용 대상은 텔콘RF제약 종목입니다. 20일 이동평균선(빨간선)을 기준으로 그랜빌 투자전략을 어떻게 적용하는지 알려드리겠습니다. 상승 말기를 찾을 때 봉우리 3개가 나와야 한다고 했었죠? 이렇게 세 번째 고점이 나왔을 때가 바로 매도 포인트입니다.

② 아이큐어

그 다음은 아이큐어 차트를 보겠습니다.

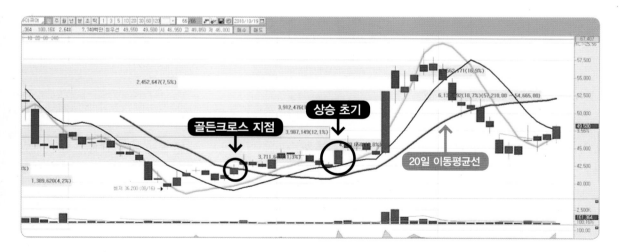

20일 이동평균선(빨간색 선)을 봤을 때 하락추세였다가 상승추세로 바뀌었죠. 하락 말기와 상승 초기인 자리에서 확인 작업된 것을 매수한다는 것이 그랜빌의 전략입니다. **그럼 이 지점이 상승 초기, 중기, 말기인지를 어떻게 아냐고 많이들 묻습니다. 중요한 것은 주가 흐름 확인 작업을 해야 한다는 것입니다.**

상승 초기인지 확인한 후에 사도 늦지 않습니다. 급할 필요가 없다는 것입니다. 골든크로스가 나온다고 바로 사는 것이 아닙니다. 하락추세가 끝나고 상승이 시작되는 시점이 중요한 것입니다.

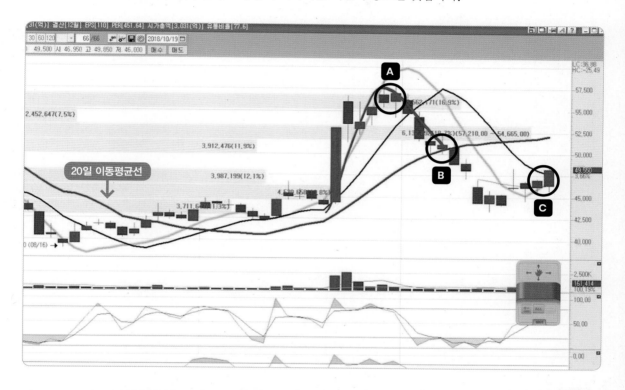

위 차트를 보면 주가가 올랐다가 빠졌습니다. 그런데 봉우리 3개가 나오지 않아 처음 나온 고점(A 지점)이 매도 타이밍인지 모를 수 있습니다. 만약 이때 매도를 못했다면 B 지점에서는 비중을 줄여야 합니다. 왜냐하면 봉우리 3개가 없어 주가 흐름 확인 작업에 실패했기 때문이죠.

이동평균선은 상승 추세입니다. 그런데 주가는 떨어지고 있죠. 그랜빌 전략에서는 이것을 뭐라고 할까요? 일시적 하락이라고 합니다. 그럼 확인 작업을 해야겠죠? V자 반등이 나오고 있으므로 하방 지지를 하고 있습니다. 그럼 C 지점에서 매수가 가능하다는 것입니다. 이동평균선 자리까지는 주가가 오를 모멘텀이 살아있기 때문입니다.

여러분들이 이를 분석할 수 있는지도 중요하겠지만, **상승추세냐 하락추세냐, 상승 초기냐 중기냐 말기냐를 먼저 정확하게 확인하는 것이 더 중요합니다.**

 챕터 포인트 ✅

① 데드크로스라면 매도해야 합니다.

② 이동평균선이 하락추세에 있다면(주가가 올라간다고 애를 써도) 이것은 일시적인 현상입니다.

③ 이동평균선은 하락하고 있고, 주가가 이동평균선을 돌파하지 못하고 다시 하락한다면 매도해야 합니다.

④ 반등이 3개, 즉 봉우리가 3개 나오면 상승 말기입니다. 주가가 이동평균선에 닿았다가 반등하기 전에 이미 이동평균선과 이격이 많이 벌어졌다면 매도해야 하는 것입니다.

개미가 세력을 이기는 방법 2탄 [차트편]

유 튜 브 연결하기

QR코드로 영상 보는 법 p.11을 참고!

오늘은 제가 간략하게 세력을 이기는 방법 2탄 차트편, 파동에 대해 말씀드리려고 합니다. 개미가 세력을 이기는 방법 첫 번째 영상에서는 시간, 분할전략, 분석력, 이 3가지가 중요하다고 했는데요. 이번 시간에는 분석력, 즉 흔적을 찾는 방법에 대해 차트로 설명하려고 합니다.

이상우
이상투자그룹
현) 수석 전문가

▶ **차트 활용법 1. 엘리어트 파동!** ⏱ 1분 30초에서 바로 확인

세력이란, 자금을 기반으로 기업의 내부정보나 뉴스 등을 이용하여 주가를 움직이는 사람 또는 집단입니다. 외국인, 기관 등을 통칭하며, 세력은 주가를 급등시키거나 급락시키기도 하죠. 오늘은 엘리어트 파동이론에 대해 설명해 드리려고 하는데요. 내용이 방대하다 보니, 저의 매매방법까지 곁들여서 결론만 말씀드리도록 하겠습니다.

주식이 고점에서 빠지기 시작하면 아래와 같은 모양으로 빠지게 됩니다.

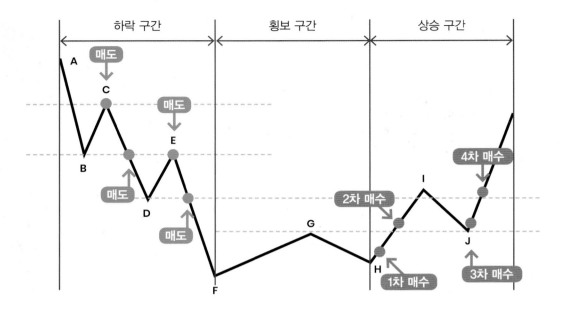

① 하락 구간

위 그림을 보면 고점(A)에서 주가가 하락합니다. 만약 주가가 하락하다가 B 지점에서 반등이 나와 매수했다면 C 지점에서 매도해야 합니다. 하지만 보통 개인투자자는 주가가 더욱 상승할 거란 생각으로 C 지점에서 매도하지 않죠. C 지점에서 주가가 더 상승할 것인지 판단하기 위해선 거래량을 확인해야 합니다. C 지점에서 양봉이 나오면서 거래량이 터진다면 주가는 더욱 상승할 것이기 때문에 매도하지 않고 보유해야 하는 것이죠. C 지점에서 매도하지 않았는데 주가가 하락할 경우, 전저점인 B 지점을 하향 이탈한다면 비중을 축소해야 합니다.

다시 하락하던 주가가 D 지점에서 반등하여 E 지점까지 올라오지만 B 지점을 돌파하지 못한다면 무조건 매도해야 합니다. 주가가 하락할 때, 첫 번째나 두 번째 하락의 폭보다 세 번째 하락의 폭이 더 크기 때문이죠. 그림에서처럼 주가는 바닥인 F 지점까지 떨어지고 맙니다. 여기서 중요한 포인트! **주가가 하락할 때는 3개의 저점이 나타납니다.** 그림상에서도 저점 B, D, F를 확인할 수 있습니다.

② 횡보 구간

주가가 바닥까지 하락한 후에는 저점을 높이는 쌍바닥 패턴을 그려야 합니다. 본격적인 상승추세가 나오기까지는 상당한 시간이 필요합니다. **하락 구간과 비슷한 기간 동안 횡보 구간이 나타나다가 본격적인 상승이 나오는 것이 좋습니다.**

만약 F 지점에서 단기간에 강한 상승추세가 발생하면 위에 쌓여 있는 매물대에 저항을 받아 추세는 오래 가지 못합니다. 따라서 F지점에서 매수했다면, 급등을 노리는 것이 아니라 기술적 접근을 통해 G지점에서 매도해야 합니다. G 지점에서 주가가 하락하지 않고 계속 상승을 이어갈 수도 있습니다. 하지만 이런 경우에도 D 지점 부근에서 저항을 받고 다시 하락할 가능성이 높죠. 따라서 이때는 G 지점에서 매도하여 단기적으로 수익 실현을 하는 것이 좋습니다.

③ 상승 구간

하락하던 주가는 H 지점에서 반등하여 쌍바닥 패턴을 완성하면서 본격적으로 상승하기 시작합니다. 반등이 이뤄지는 H 지점 부근이 매수 포인트로 1차 매수를 해야 합니다. 주가는 전고점인 G 지점까지 상승할 것입니다. 이때 전고점 돌파를 기대하며 보유하는 것도 좋지만, 하락할까 불안하다면 비중을 축소하여 수익을 실현해도 괜찮습니다.

만약 주가가 전고점을 돌파하면 2차 매수를 통해 비중을 늘려야 합니다. 주가는 D 지점까지 상승할 것이기 때문이죠. 주가가 하락할 때는 D 지점에서 지지를 받았지만, 상승할 때는 D 지점에서 저항을 받게 됩니다. 하지만 전고점인 G지점을 뚫고 상승했기 때문에 D지점도 상향 돌파할 가능성이 큽니다. D지점을 돌파하고 얼마 지나지 않아 주가는 다시 하락할 것입니다. 눌림이 발생하여 주가가 일시적으로 G 지점 부근까지 하락하는 것이죠. 따라서 G지점 부근에서 주가가 반등한다면 3차 매수를 합니다. 주가는 D지점을 돌파하고 계속 상승추세를 이어갈 것입니다. 만약 단타매매를 하는 분들이라면 전고점인 I 지점을 돌파할 때, 4차 매수가 가능합니다.

주가가 상승할 때는 3개의 고점이 나타납니다. 그림상에서도 고점 G, I를 확인할 수 있으며, 상승하는 주가가 이후에 다시 하락하면서 남은 고점 하나를 더 찍을 것입니다. 고점이 3개 완성되면 어떻게 될까요? 좋지 않은 종목이라면 주가가 다시 하락하면서 위 과정이 계속 반복되겠죠. 하지만 좋은 종목이라면 하락추세가 아니라 기간조정이 나타날 수 있습니다. 기간조정을 거치고 다시 주가가 상승하는 것이죠.

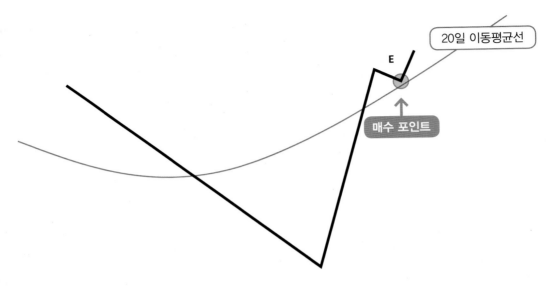

두 번째 중요한 포인트는 **20일 이동평균선**입니다. 20일 이동평균선이 떨어지다가 우상향하는 상태이고, 주가가 급격히 떨어지면서 **이격도**가 커집니다. **다시 주가가 오르면서 20일 이동평균선 위에 머무는 지점(E 지점)이 매수 포인트가 되는 것입니다.** 이 지점에서 캔들이 어떻게 나오는지가 정말 중요합니다.

⭐ **챕터 포인트** ✅

① 하락 구간에서는 저점이 3개, 상승 구간에서는 고점이 3개 나타나며, 하락 구간의 기간과 횡보 구간의 기간이 비슷한 것이 좋습니다.

② 20일 이동평균선이 떨어지다가 우상향하는 상태이고, 주가가 급격히 떨어지면서 이격도가 커집니다. 다시 주가가 오르면서 20일 이동평균선에 머무는 지점(E 지점)이 매수 포인트가 됩니다.

 알아 두기

이격도: 주가가 이동평균값으로부터 어느 정도 차이가 있는가를 나타내는 지표입니다.

개미들을 위한 주식 격언

"값진 보석은 황폐한 땅 깊숙이 있을수록 가치가 있다."

기업의 주식을 평가할 때는 수익성, 성장성, 안정성 등 3요소를 살핀다. 이 3요소를 모두 갖췄음에도 현재 주목받지 못하는 주식은 시간이 지나면 제 가치를 인정받게 된다. 과도한 확신은 실패로 이어지기 쉽지만 객관성과 근거를 기반으로 한 소신은 성공으로 이어지는 경우가 많다.

"천장을 팔지 말고, 바닥을 사지 말아야 한다."

주식은 싸게 사서, 비싸게 파는 것이 가장 좋다. 하지만 주가의 천장과 바닥을 찾는 것은 운이라고 할 수 있다. 천장을 고집하다가 매도시기를 놓쳐 손해를 보거나 바닥에서 사려고 주저하다가 매수기회를 놓치기도 한다. 그래서 주식은 무릎에서 사서 어깨에서 팔라는 말이 있다. 주가가 바닥을 찍고 올라오는 것을 확인한 후에 매수하고, 천장을 찍고 내려갈 때 매도하는 것이다.

"천둥이 잦아지면 소나기가 온다."

주식투자는 주가가 낮다고 하여 무작정 사는 것이 아니다. 막연한 저가 매수는 오히려 손해를 보기 쉽다. 큰 변화를 앞에 두면 지속적으로 여러 징후가 나타나기 마련이다. 따라서 다양한 지표와 뉴스를 확인하며, 상승 신호를 포착하는 것이 중요하다.

"하강기의 반짝 장세에 현혹되지 마라"

시장 추세선이 하락 중일 때 낙폭과대에 의한 기술적 반등이 나오면 투자자는 현혹되기 쉽다. 그러나 추세전환이라는 확신이 서기 전까지는 경계심을 풀어서는 안 된다. 과 매도권에서 나타나는 반등은 기술적 매매로 임하는 것이 좋다. 시장이 진 바닥을 확인하지 않은 상태에서 갭 반등이 나올 때 상대적으로 그 폭이 크지 않은 경우가 많으므로 방어적 매매로 임하는 것이 좋다. 하락추세의 반등은 남은 생명을 소진하는 불꽃이 될 수도 있다.

"남이 가는 뒷길에 꽃동산이 있다."

인기 종목에 관심이 생기는 것은 당연하다. 인기주의 경우, 거래가 활발하고, 주가의 변동이 커 쉽게 차익을 실현할 수 있을 것이라 생각하기 때문이다. 하지만 인기주는 이미 가격에 거품이 많이 생겼기 때문에 많은 투자금이 필요할 뿐만 아니라 투자효과가 기대치에는 못 미치는 경우도 많다. 비인기 종목 중에도 재무구조가 건실하고, 성장성이 높은 종목이 있기 마련이다. 이러한 종목을 발견한다면 인기주보다 훨씬 큰 수익을 챙길 수도 있다.

3일 차 ~ 4일 차 유튜브 흐름타기

3일 차 ▌ Chapter 10

- ▶ 다이버전스란?
- ▶ 다이버전스의 파악 순서와 종류
- ▶ 다이버전스 실제 차트에 적용!

3일 차 ▌ Chapter 11

- ▶ 분할매수의 중요성! 피라미드 전략
- ▶ 피라미드 전략의 단점을 보완한 빌딩 전략에 대해 알아보자!
- ▶ 빌딩전략을 실전에 활용해보자!

3일 차 ▌ Chapter 9

- ▶ 이동평균선이 곧 심리다?
- ▶ 이동평균선의 배열, 정배열과 역배열
- ▶ 이동평균선의 교차, 골든크로스와 데드크로스

3일 차 ▌ Chapter 12

- ▶ 단타매매를 할 때 뉴스보다 기술적 접근을 하자
- ▶ 단타매매를 할 때는 거래량과 추세를 체크하라!
- ▶ 데이트레이딩할 때 이것만은 꼭 지켜주세요!
- ▶ 30MBO 전략이란?
- ▶ Trailing Stop(추적청산)

QR코드로 영상 보는 법 p.11을 참고!

전체 영상
재생목록

주식할 때 지켜야 할 박자!?
4박자??!!
33:43

4일 차 | **Chapter 13**

- ▶ 실.수.자.재의 '실'은 바로 실적!
- ▶ 실.수.자.재의 '수'는 바로 수급!
- ▶ 실.수.자.재의 '자'는 바로 차트!
- ▶ 실.수.자.재의 '재'는 바로 재료!

최적의 매수 매도 타이밍
2편 그랜빌 투자전략
19:20

4일 차 | **Chapter 15**

- ▶ 그랜빌의 매도전략 4가지!
- ▶ 그랜빌 투자전략 실전 적용!

세력을 이기는 유일한 방법
•차트 파동편•
13:01

4일 차 | **Chapter 16**

- ▶ 차트 활용법 1. 엘리어트 파동!
- ▶ 차트 활용법 2. 20일 이동평균선 활용!

최적의 매수 매도 타이밍
1편 그랜빌 투자전략
14:52

4일 차 | **Chapter 14**

- ▶ 그랜빌의 매수전략 4가지!
- ▶ 그랜빌의 투자전략으로 매수 타이밍 포착하기

3~4 일 차

5일 차

Chapter 19.

개미가 세력을 이기는 방법 5탄 [캔들 이동평균선편]

▶ 20일 이동평균선과 양음양이 만나면 급등주 초입이다?

▶ 차트를 적용해서 더욱 자세히 알아보기!

학습 난이도 ★★★☆☆

Chapter 20.

피봇을 이용한 새로운 기법 大공개! 단타 할 때 이것만은 기억하세요!

▶ 피봇이란?

▶ 피봇을 이용한 매매법 및 주의사항은?

▶ 변동성 분석에 유용한 피봇매매!

▶ 피봇을 이용한 양음양 패턴 활용

학습 난이도 ★★☆☆☆

챕터 17.

개미가 세력을 이기는 방법 3탄
[캔들 양음양편]

유튜브
연결하기

QR코드로 영상 보는 법 p.11을 참고!

오늘은 개미가 세력을 이기는 방법 캔들편입니다. 기법 설명이 있어서 좀 어려울 수도 있지만, 제가 간단하게 정리해드릴 예정입니다. 캔들만 보고 매매해도 충분히 단타가 가능하고, 이미 많이 사용되는 기법이지만 저는 여기에 포인트 3개를 더 알려드릴 것입니다. 초보투자자부터 고수까지 누구나 할 수 있는 매매법이니, 오늘 캔들 양음양 내용을 잘 들으면 모두 슈퍼개미가 될 수 있을 것입니다.

이상우
이상투자그룹
현) 수석 전문가

▶ **양음양 캔들과 강력한 기법 공개!!!** ⏱ 1분 20초에서 바로 확인

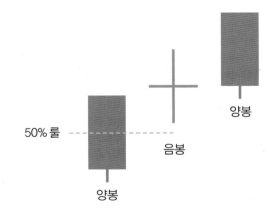

양음양 캔들은 위와 같은 모양을 말합니다. 만약 오늘 장대양봉에서 못 샀으면 언제 매수해야 할까요? 바로 다음 날 음봉의 아래꼬리에서 사야 합니다.

그럼 왜 음봉의 아래꼬리에서 사야할까요? 여기서 바로 중요한 기법이 나옵니다. 바로 **50% 룰!!! 장대양봉이 나타난 후 다음 날의 주가는 장대양봉의 절반까지만 빠진다는 것이죠.** 장대양봉은 세력이 아니면 만들 수 없습니다. 보통 이런 장대양봉은 상단에서 나오는 것이 아니라 주식이 바닥을 길 때 뚫고 나옵니다. 이처럼 대량 거래량이 터졌을 때 양음양이 나온다는 것이죠.

▶ 양음양 실전 적용 ⏱ 8분 40초에서 바로 확인

① CASE 1

바로 차트를 보면서 확인해보겠습니다. 녹색 박스를 보면 양음양 캔들이 나왔죠. 항상 처음에 장대양봉이 나오는 것이 아닙니다. 거래량이 터진 양봉도 장대양봉과 똑같이 보는 것입니다. 또한, 양음양 캔들이 나오고 나서 음봉이 또 나왔죠. 이처럼 양음양 캔들은 반복적인 것이 많습니다.

녹색 박스에서 양음양 캔들 다음에 나온 음봉이 전일 종가를 지지하고 있죠. **전일 종가를 지지하는 음봉이 시세를 이어주는 역할을 합니다.** 음봉의 상태가 지금 살바싸움을 하고 있는 것입니다. 밀당을 하고 있는 것이죠. 음봉 이후에 등장할 캔들 또한 녹색 박스의 장대양봉의 종가 밑으로 떨어지지 않는다면 주가는 크게 상승할 것입니다. 왜냐하면 양음양에서 마지막 양봉은 첫 번째 양봉보다 더 크기 때문입니다. 이게 바로 포인트입니다.

② CASE 2

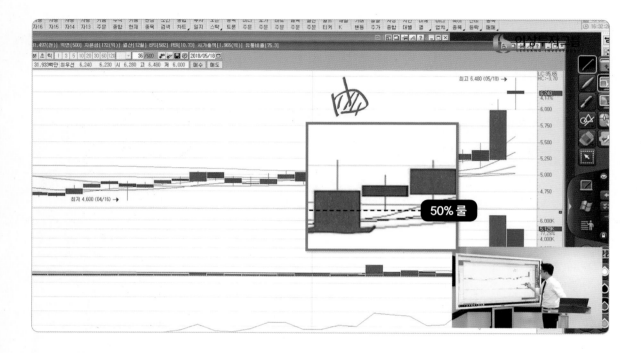

위 차트의 녹색 박스를 보면 양음양 캔들이 나왔습니다. 첫 번째 캔들이 **역망치형 양봉**이고, 50% 룰을 지키고 있죠? 그럼 언제 매수해야 할까요? 음봉의 아래꼬리에서 사는 것이 가장 좋고, 못 샀으면 그 다음 날 양봉 아래꼬리에서 사야 합니다. 간혹 음봉매매를 하는 분들도 있지만 합리적 투자자라면 음봉에서 사는 것이 아닙니다. 손절을 잘하는 투자자라면 사도 되지만 손절이 망설여지는 투자자라면 다음 날 양봉의 자리를 확인하고 매수한다면 충분히 상승이 가능합니다.

알아 두기

역망치형 양봉: 매수세로 인해 주가가 상승한 후에 매도세가 점차 강해져 조정이 이뤄지거나 주가가 하락하지만 시가 보다는 높게 종가가 형성될 때 만들어지는 양봉입니다.

음봉이 출현하여 주가가 내려가도 양봉의 절반 부분인 50%지점에서 반드시 지지받아야 합니다. 만약 **음봉이 양봉의 절반보다 아래로 내려간다면 이때는 매수해서는 안 됩니다.** 50% 룰을 지켜야 하는 것이죠.

왜 50% 룰일까요? 첫 번째 거대 양봉은 세력이 만들었겠죠? 세력이 저가에서만 산 것이 아니라 주가가 올라갈 때도 추가 매수를 계속한 것이죠. 결국 **세력의 평단가는 양봉의 절반**이 됩니다. 이것이 포인트입니다!

양음양 캔들에서 첫 번째 양봉이 나오면 개인투자자들은 매수하고 싶은 심리가 생깁니다. 그래서 다음 날 시가로 매수하지만 주가는 하락하고 말죠. 주가는 전일 종가를 지지하지 못하고 계속 하락하기 때문에 개인투자자들은 결국 손절합니다. 이처럼 두 번째 캔들의 시가에서 매수했다면 50% 룰을 지키는지 확인하고, 50% 룰을 지킨다면 차라리 추가 매수를 하는 것이 맞습니다. 무엇보다 가장 현명한 매수 전략은 음봉의 시가가 아닌 아래꼬리에서 50% 룰을 지키는지 확인하고 매수하는 것임을 명심하세요!

양음양에서 중요한 것은 50% 룰을 지켜야 한다는 것!!! 음봉에서는 거래량이 줄어드는 것이 신뢰성이 높다는 것을 명심해야 합니다. 두 번째 양봉에서 중요한 것은 여기서도 50% 룰이 적용된다는 것입니다. 두 번째 양봉이 음봉의 최저가를 지지해야 하고, 이것보다 더 내려가면 안 됩니다.

15분봉 차트로 본 양음양 캔들의 모습은 아래와 같으니 참고하세요!

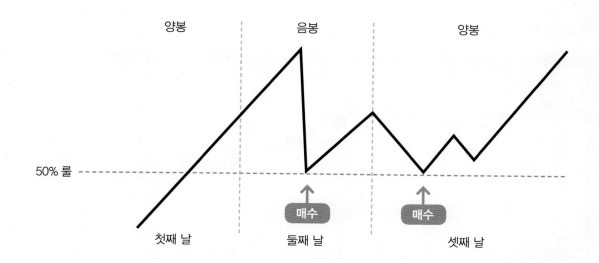

③ CASE 3

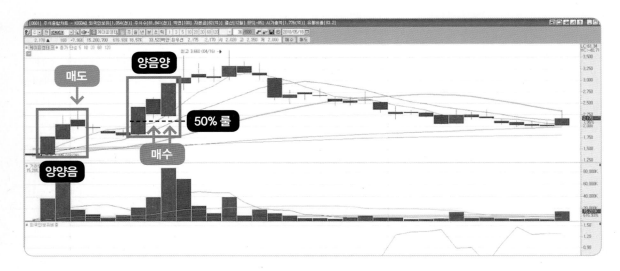

KPM 테크의 차트입니다. 차트를 보면 양음양 캔들이 나왔고, 음봉과 두 번째 양봉 모두 50% 룰을 지키고 있죠. 그럼 어디에서 매수해야 할까요? 음봉의 아래꼬리 또는 두 번째 양봉의 아래꼬리에서 매수해야 합니다. 실제로 이렇게 매매했다면 30% 수익을 얻을 수 있었을 것입니다. 또한, 양양음 캔들도 떴죠. **양양음은 음봉에서 수익을 실현해야 합니다. 음봉에서는 무조건 팔고 이후에 다시 매수하는 전략을 선택**해야 합니다.

④ CASE 4

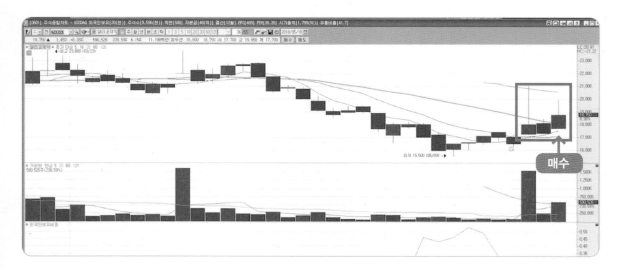

알리코제약의 차트입니다. 양음양에서 첫 번째 양봉이이 20일 이동평균선을 지지하고 있는 모습인데요. 이것이 가장 신뢰성이 높다고 할 수 있습니다. 저는 이렇게 양봉이 20일 이동평균선 위에 있는 모습을 '스키를 탄다'고 표현합니다. 그런데 음봉이 50% 룰을 지키지 못하고 있죠. 양음양의 변형된 형태라고 할 수 있습니다. 50% 룰을 지키진 못하지만 **20일 이동평균선이 아래에서 지지하고 있기 때문에 두 번째 양봉 아래 부분이 매수 포인트가 됩니다.** 위 차트와 같이 스키를 타는 형태는 음봉에서 매수해도 됩니다. 20일 이동평균선이 중요한 자리이기 때문이죠.

⑤ CASE 5

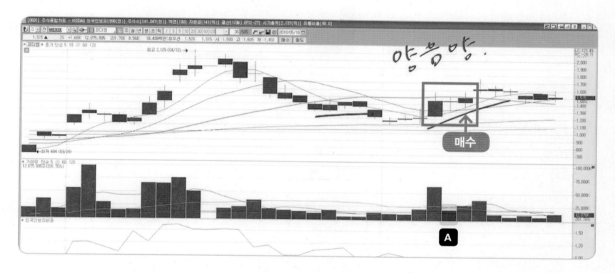

코디엠의 차트입니다. **양음양 캔들이 나왔고, 50% 룰을 지키고 있습니다.** 역시 두 번째 양봉이 매수 포인트입니다. 아까 말씀드린 대로 **음봉에서 거래량(A)이 줄고 있는 것**을 확인할 수 있습니다. 위와 같은 모습의 차트가 양음양 캔들을 이용해 매매하기 좋은 차트입니다.

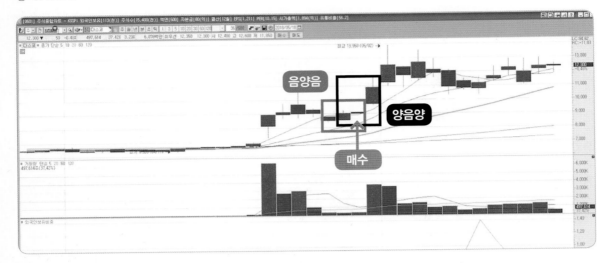

다스코의 차트입니다. 이 차트에서는 음양음이 나타나고 있습니다. 만약 음양음 캔들의 양봉을 시작점으로 본다면 양음양으로도 볼 수 있죠. **음양음이 나오고 바로 양이 나올 때가 아주 좋은 차트입니다.** 이렇게 **음양음과 양음양이 같이 나올 때는 서로 겹치는 음봉에서 매수**해야 합니다.

양음양은 양음양 캔들 패턴만 보고 매매하는 것이 아닙니다. 양음양과 거래량, 20일 이동평균선, 5일 이동평균선, 분봉, 수급 등 모든 것을 다 확인해야 합니다. 이런 것을 모르면 주식 하수이고, 중수는 말씀드린 모든 것을 다 봅니다. 고수도 이 모든 것을 다 보지만 중수와 다른 점은 시간차 공격을 한다는 것입니다.

★ 챕터 포인트 ✅

① 양음양 캔들에서 전일 양봉의 종가를 지지하는 음봉이 나온다면 주가는 크게 상승할 것입니다. 그 이유는 양음양에서 마지막 양봉은 첫 번째 양봉보다 더 크기 때문입니다.

② 만약 음봉이 양봉의 절반보다 아래로 내려간다면 50% 룰이 깨진 것이므로 매수하면 안 됩니다.

③ 양양음은 음봉에서 수익을 실현해야 합니다. 음봉에서는 무조건 팔고 이후에 다시 매수하는 전략을 선택해야 합니다.

④ 음양음이 나오고 바로 양이 나올 때가 아주 좋은 차트입니다. 이렇게 음양음과 양음양이 같이 나올 때는 서로 겹치는 음봉에서 매수해야 합니다.

챕터 18.
개미가 세력을 이기는 방법 4탄
[캔들 양음음양편]

유 튜 브
연결하기

QR코드로 영상 보는 법 p.11을 참고!

이번에는 양음양에서 발전된 형태인 양음음양에 대해서 배워보도록 하겠습니다. 양음양에서는 50% 룰을 지키는 것이 정말 중요했습니다. 양음음양에서는 50% 룰뿐만 아니라 몇 가지 포인트가 더 있습니다. 그럼 지금부터 양음음양에 대해 자세히 알아볼까요?

이상우
이상투자그룹
현) 수석 전문가

▶ **양음음양이 뭐예요?** ⏱1분 54초에서 바로 확인

여러분, **미수거래**를 해봤나요? 미수거래는 3일 안에 매도해야 합니다. 만약 양음양이 나오면 양봉에서 매도하면 되지만 양음음양이 나오면 음봉에서 매도해야 하죠. 보통 장대양봉이 나오면 미수거래 물량이 고가에서 기간 조정을 거치면서 양음음양 형태가 나오는 것입니다. 우리는 이렇게 나타나는 양음음양을 반대로 이용하는 것이죠.

양음음양에서 중요한 것은 3가지입니다.
첫째, 첫 번째 양봉이 20일 이동평균선을 뚫고 올라오거나 스키 타는 형태이어야 합니다.
둘째, 첫 번째 음봉이 전일인 첫 번째 양봉의 50% 룰을 지켜야 합니다.
셋째, 두 번째 음봉이 첫 번째 음봉의 저점을 지지해야 합니다.

알아
두기

> **미수거래:** 전체 주식매입대금의 일부를 증거금으로 내거나 주식 등을 담보로 하여 주식을 외상으로 살 수 있는 제도를 말합니다. 결제일은 이틀 후이며, 결제일까지 돈을 갚지 않으면 반대매매를 통해 계좌에 있는 주식이 처분됩니다.

▶️ 실제 차트에 적용하기 ⏱️ 5분에서 바로 확인

그럼 실제 차트를 보면서 다양한 캔들 형태를 살펴보겠습니다.

① CASE 1

디아이 차트를 보면서 설명드리겠습니다. 양음양 캔들(A)에서 첫 번째 양봉이 역망치형이며, 20일 이동평균선을 스키 타고 있는 아주 좋은 모습의 차트입니다. 또한 양음양 캔들의 두 번째 캔들을 시작으로 양음음양 캔들(B)도 나타나죠. 특히 주가가 상승하던 중 고가놀이가 나타나고, 이때 양음음양이 나온다면 이후에 주가가 크게 상승할 가능성이 높습니다. 따라서 양음음양에서 음봉을 주의 깊게 봐야 합니다. 음봉이 50% 룰을 지켜 급등할 것인지 확인하는 것이죠. 위 차트에서는 음봉이 50% 룰을 잘 지키고, 이후에 주가가 급등하는 것을 볼 수 있습니다.

② CASE 2

셀바스AI 차트를 보면 양음음양(A)이 나왔습니다. 첫 번째 음봉이 전일인 첫 번째 양봉의 50% 지점까지 내려가지는 않았지만 마지막 양봉이 20일 이동평균선을 스키타고 있는 모습이죠? 두 번째 음봉이 전일 저점을 잘 지지하고 있고, 마지막 양봉도 전일 저점을 지지하고 있습니다. 무엇보다 음음양 모두가 첫 번째 양봉의 고점을 잘 지지하고 있다는 것이 포인트입니다.

20일 이동평균선이 두 개의 양봉(B)을 관통하고 올라가며, 이 양봉들은 각각 양양음과 양음음양의 시작점이 됩니다. 양음음양뿐만 아니라 변형된 형태인 양양음에서도 20일 이동평균선이 양봉을 관통한 다음에 나오는 음봉이 20일 이동평균선을 스키 타고 있다면 매수해야 합니다. 20일 이동평균선이 지지선이 되기 때문이죠. 무엇보다 **양음음양의 음음에서 거래량이 줄어야 한다는 것이 핵심입니다.**

⭐ 챕터 포인트 ✅

① 양음음양에서 첫 번째 양봉은 20일 이동평균선을 뚫고 올라오거나 스키 타는 형태이어야 하고, 첫 번째 음봉은 50% 룰을 지키며, 두 번째 음봉은 첫 번째 음봉의 저점을 지지해야 합니다.

② 주가가 상승하던 중 고가놀이가 나타나고, 이때 양음음양이 나온다면 이후에 주가가 크게 상승할 가능성이 높습니다.

③ 양음양이나 양양음 등 변형된 형태가 나오더라도 스키를 타고 있다고 하면 매수 포인트입니다.

④ 양음음양의 음음에서 거래량이 줄어야 한다는 것이 중요합니다.

챕터 19.

개미가 세력을 이기는 방법 5탄 [캔들 이동평균선편]

유튜브 연결하기

QR코드로 영상 보는 법 p.11을 참고!

이번 시간에는 양음양 캔들, 3일, 5일, 20일 이동평균선과 거래량! 또 변형된 양양음, 양음음양 캔들을 활용한 매매방법까지 전부 다 알려드릴 것입니다. 이 영상을 통해 여러분의 차트 분석력을 한 단계 업그레이드 시켜드리겠습니다.

이상우
이상투자그룹
현) 수석 전문가

▶ 20일 이동평균선과 양음양이 만나면 급등주 초입이다? ⏱ 32초에서 바로 확인

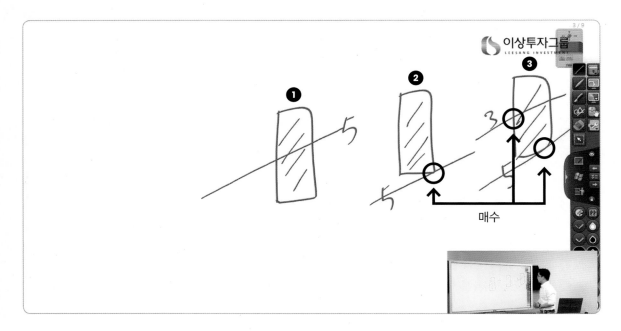

20일 이동평균선은 세력선이라고 불리며, 급등 자리를 포착할 수 있는 이동평균선입니다. 20일 이동평균선과 첫 번째 양봉 캔들이 나오는 자리는 상당히 좋은 자리입니다. 급등주의 초입, 즉 시작점으로 볼 수 있으며 상승추세에서 장대양봉은 개인이 만들 수 있는 모습이 아닙니다.

①, ②, ③을 보면, 캔들과 5일 이동평균선의 위치가 조금씩 다릅니다. 여러분은 어떤 형태가 가장 마음에 드나요?

① 5일 이동평균선이 캔들을 관통합니다. 저는 5일 이동평균선 관통형 모델이라고 부르죠. 이는 급등 초입단계로 급등이 임박했다고 볼 수 있습니다. 만약 **5일 이동평균선이 캔들을 관통하고, 20일 이동평균선이 밑에 걸려 있다면 차트가 급등할 가능성이 높습니다.**

② 장대양봉이 5일 이동평균선의 지지를 받고 있습니다. 캔들이 5일 이동평균선 위에 있다는 것은 5일간의 주가 평균값보다 높다는 의미입니다. 이미 주가가 오른 것이죠. 급등이 이미 시작된 자리의 모습이라고 볼 수 있습니다.

③ 장대양봉을 5일 이동평균선이 지지하고 3일 이동평균선이 관통합니다. ②와 같이 급등이 이미 시작된 자리의 모습입니다. 3일 이동평균선이 중간을 관통하며 우상향하고 있기 때문에 캔들을 끌어올리는 것입니다.

①은 **눌림목**을 이용해 큰 수익을 낼 수 있는 차트의 모습이고, ②, ③은 단타매매 시 좋으며, 검정색 원으로 표시한 자리가 적당한 매수 포인트입니다. 특히 ③은 단타매매에 있어 신뢰도가 높은 차트입니다. 3일 이동평균선 , 5일 이동평균선이 장대양봉을 찌르는 모습에 포크형 전략이라고 불립니다.

알아두기

눌림목: 상승세를 보이던 주가가 수급 등의 요인으로 인해 일시적으로 하락세를 보이는 것을 말합니다.

▶ 차트를 적용해서 더욱 자세히 알아보기! ⏱ 7분 14초에서 바로 확인

① 삼성전자

다음의 차트에서는 양양음 캔들을 가지고 설명해 보도록 하겠습니다. 양양음 캔들이 나오면 음봉에서 매도해야 합니다. 그리고 삼각형을 그리는 것이죠. **양양음 캔들에서 첫 번째 양봉의 저점을 기준으로 밑변(①)을 그리고, 양양음 캔들을 따라 선분(②)을 그린 후, 음봉에서 하락하는 추세를 따라 선분(③)을** 그립니다. 그러면 **밑변과 마지막 선분이 만나는 지점(A)부터 매수가 가능한** 것입니다.

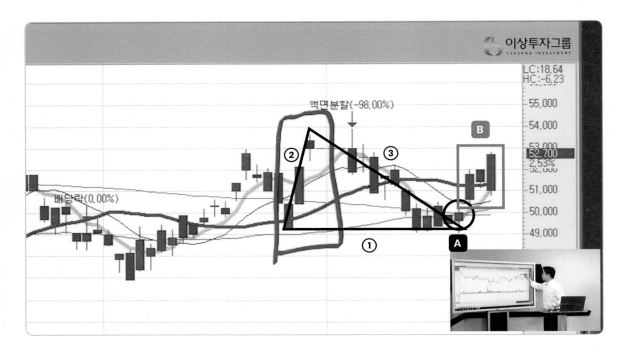

B를 보면, 5일 이동평균선(노란색 선)과 20일 이동평균선(빨간색 선)이 양봉을 관통하고 있습니다. 이는 5일 이동평균선, 20일 이동평균선 관통형 전략 또는 포크형 전략이라고 할 수 있습니다.

② 코디엠

5일 이동평균선이 양봉을 관통하는 모습(A)입니다. 5일 이동평균선이 양봉의 하단부를 뚫고 있기 때문에 힘이 약하지만 이후 5일 이동평균선이 다음 양봉을 지속적으로 밀어주고 있습니다. 이런 모습의 차트는 5일 이동평균선이 꺾이지 않기 때문에 추가 상승이 가능합니다.

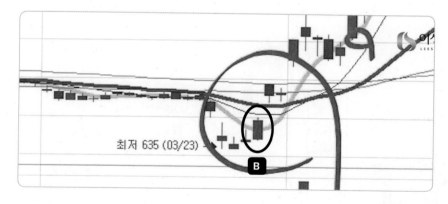

5일 이동평균선이 장대양봉 중간을 제대로 관통(B)하면서 상향하는 모습입니다. 바로 이 자리가 중요한 매수 포인트입니다. 이 매수 포인트를 놓쳤더라도 뒤이어 나타나는 음봉과 양봉에서 매수하시면 됩니다. 이러한 차트는 눌림목에서 올라가기 때문에 2배 이상 수익을 낼 수 있습니다.

③ 케이피엠테크

차트에서 양음음양 캔들(A)이 보입니다. **두 번째 음봉이 20일 이동평균선 위에 붙어 있으며, 두 번째 양봉이
20일 이동평균선을 타고 올라갑니다. 따라서 두 번째 양봉이 바로 매수 타이밍입니다.** 양음음양 캔들의
마지막 양봉을 포함하여 양양음 캔들(B)이 나오기 때문에 음봉에서 매도해야 합니다.

양양음 캔들이 나왔으므로 삼각형(C)을 그립니다. 하지만 이번에는 두 번째 버전의 삼각형을 그리겠습니다. 밑변을 첫 번째 양봉이 아닌 두 번째 양봉의 저점을 기준으로 그리는 것이죠. 첫 번째 양봉까지 하락하지 않고 두 번째 양봉의 저점에서 하락을 멈췄기 때문에 매수해야 합니다. 이때부터 상승추세가 시작되는 것이죠.

제대로 된 양음양 캔들(D)도 나타납니다. 5일 이동평균선이 첫 번째 양봉을 관통하고 있습니다. 첫 번째 양봉이 적절한 매수 타이밍이지만 50% 지지가 유효한 마지막 양봉에서 매수해도 무방합니다. 이때 매수해도 20% 이상의 수익이 가능한 것이죠. 이후 다시 양양음 캔들이 나타나므로 음봉(E)에서 매도합니다.

> ★ **챕터 포인트** ✅
>
> ① 5일 이동평균선이 캔들 중앙을 관통하고, 20일 이동평균선이 밑에 걸려 있다면 차트가 급등할 가능성이 높습니다.
>
> ② 양양음 캔들이 나오면 음봉에서 매도합니다.
>
> ③ 양양음 캔들이 나오면 첫 번째 양봉의 저점을 기준으로 밑변, 양양음 캔들을 따라 선분1, 음봉에서 하락하는 추세를 따라 선분2를 그려 삼각형을 만듭니다. 밑변과 마지막 선분2가 만나는 지점부터 매수가 가능합니다.

챕터 20.

피봇을 이용한 새로운 기법 大공개!
단타 할 때 이것만은 기억하세요!

유 튜 브
연결하기

QR코드로 영상 보는 법 p.11을 참고!

오늘은 피봇을 이용한 단타매매에 대해 설명드리려고 합니다. 실질적으로 피봇을 이용해서 거래량, 또는 변동성을 체크할 수 있는데요. 피봇을 이용한 매매를 할 때, 변동성이 작아졌다가 커지기 직전에 매수하는 전략을 세우면 안정적인 단타매매가 가능합니다. 피봇은 다른 지표보다 하단에 지지구간이 많아 손실을 최소화하면서 안정적으로 매매할 수 있습니다. 그럼 지금부터 피봇에 대해 자세히 알아보겠습니다.

김길성
이상투자그룹
현) 수석 전문가

▶ 피봇이란? ⏱ 5분에서 바로 확인

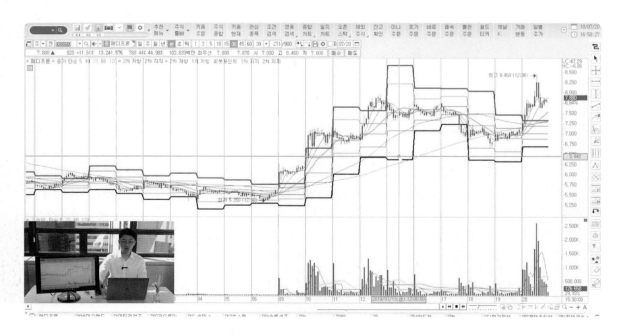

① 피봇에 대한 이해

보통은 주식 매매보다는 **선물거래**를 할 때 많이 사용되는 지표입니다. 중장기적 이슈보다는 단기적 가격 흐름의 지지나 저항, 중심선에 대한 설정을 할 때 유용한 지표입니다. 피봇 계산식이 따로 있지만 외우지 않아도 됩니다.

피봇을 계산할 때는 **전일 고가, 전일 저가, 전일 종가가 사용**된다는 것 정도만 알고 있으면 됩니다. 또한, **당일의 지지나 저항, 중심선은 전거래일의 고가와 저가를 이용해서 가격이 설정된다는 점**도 함께 알아야 합니다. 보통은 일봉보다는 분봉을 가지고 매매하길 당부드립니다.

② 피봇 설정 가이드

<**PIVOT 설정법**>
우측 버튼 클릭 ▶ '지표추가' 클릭 ▶ '찾기' 창에 'PIVOT' 입력 ▶ 'PIVOT 분봉' 클릭
※ 키움증권 영웅문 기준

피봇을 설정하면 5개의 선이 나타납니다. 제일 위에서부터 2차 저항선(빨간색 굵은 선), 1차 저항선(분홍색 선), 중심선(파란색 선), 1차 지지선(녹색 선), 2차 지지선(남색 굵은 선) 순으로 구성됩니다. 각 선은 지지와 저항의 역할을 하는 것이죠.

▶ **피봇을 이용한 매매법 및 주의사항은?** ⏱ 7분 9초에서 바로 확인

첫째, **저는 피봇매매를 할 때는 2차 저항선을 돌파하는 종목을 위주로 매매를 합니다.** 그럼 2차 저항선 돌파가 나왔을 때 목표가 설정은 어디까지 해야 할까요? **일봉에서 볼린저밴드 상단 부근을 목표가로 설정**해야 합니다.

둘째, **단타매매를 할 경우, 2시 이후에는 신규 진입을 하지 않는 것이 좋습니다.** 2차 저항선 돌파가 나왔다는 것은 그 당일에 단기적으로 수급이 몰렸다는 뜻입니다. 따라서 2시 이후에 들어가면 단기 차익실현 물량이 나올 수 있어 상대적으로 수익 폭이 불리하게 되는 것이죠.

(주)이상투자그룹 김길성 수석전문가

주제: 피봇(Pivot)을 이용한 단타 공략법

1) 피봇(Pivot)이란?

2) 초보자분들을 위한 기본 세팅법

피봇 --> 2차 저항선 돌파!
그 당일의 목표가 - 2차 저항선이 돌파가 나와주면 목표가 설정은 어디까지?
일봉 볼린저밴드 상단 부근을 목표가로 설정!
단타 -> 2시 이후에는 신규 진입 하지 않는다.
9시 30분까지는 신규 매매 자제!

3) 변동성 분석에도 유용

4) 실제 적용 사례 (양음양 패턴)

셋째, 9시 30분까지는 신규 매매를 자제하는 것이 좋습니다. 9시 30분까지는 장 초반에는 매수와 매도 세력의 힘 싸움을 하는 시간이기 때문에 뚜렷한 방향성을 제시하지 못합니다. 따라서 속임수 신호에 당하지 않기 위해 그날 시장의 방향성을 체크하는 시간을 갖는 것이 좋습니다.

▶ 변동성 분석에 유용한 피봇매매! ⏱11분 10초에서 바로 확인

메디프론의 차트를 보겠습니다. 변동폭만 보기 위해 2차 저항선과 2차 지지선을 제외한 3개의 선은 삭제한 상태입니다. 7월 13일(A)에 2차 저항선(빨간색 선)과 2차 지지선(파란색 선) 사이의 간격이 넓습니다. 이처럼 2차 저항선과 2차 지지선의 폭이 너무 넓으면 매매하지 않는 것이 좋습니다. 이는 전날 가격 변동폭이 상당했다는 뜻이죠. 오히려 **벌어졌던 폭이 줄었을 때가 매수 시점**이 됩니다. 변동성 자체가 줄어들고 다시 한 번 수급에 관한 이슈가 들어올 수 있다고 판단되기 때문이죠.

▶ 피봇을 이용한 양음양 패턴 활용 ⏱15분 47초에서 바로 확인

피봇은 전일 가격을 기준으로 하기 때문에 하루 늦게 반영된다고 알려드렸습니다. 이를 인지하면 좀 더 이해가 쉬울 것입니다. 양음양은 먼저 장대 양봉이 나와야 합니다. 장대양봉이 나왔다는 것은 저가와 고가의 폭이 상당히 넓기 때문에 다음 날 바로 추세적인 상승이 이어질 가능성이 낮다는 것이죠. 그래서 장대양봉이 나오고, 다음 날 짧은 음봉이 나왔다면, 이 음봉이 나온 다음 날의 피봇의 폭은 상당히 좁아지게 됩니다. 그때 관심종목으로 등록해두세요.

어제 장대양봉이 나오고 오늘은 짧은 음봉이 나왔다면, 내일 피봇의 폭이 좁아질 수 있다는 것을 예측할 수 있겠죠? 피봇의 2차 저항선과 2차 지지선의 폭이 좁을 때, 장 초반부터 계속해서 가격을 모니터링하고 2차 저항선을 돌파하면 과감히 매수를 해야 합니다. 이렇게 양음양도 결국 피봇의 폭을 이용해서 매매에 활용할 수 있다는 점을 알고 있으면 좋습니다. 2차 저항선 돌파가 나오면 하단에 2차 저항선, 1차 저항선, 중심선, 1차 지지선, 2차 지지선 등 수많은 지지선이 생기게 되죠. 다시 말해 하단에 지지를 받을 구간이 많아서 급락을 맞을 확률은 상대적으로 적다는 것입니다. 대신 **2차 저항 부근의 가격에서 매수를 해야 합니다!**

 챕터 포인트 ✅

1) 피봇은 전일 고가, 전일 저가, 전일 종가가 사용되며, 당일의 지지나 저항, 중심선은 전거래일의 고가와 저가를 이용해서 가격이 설정됩니다.

2) 피봇매매를 할 때는 2차 저항선을 돌파하는 종목을 위주로 매매하며, 목표가는 일봉에서 볼린저밴드 상단 부근으로 설정합니다.

3) 2차 저항선과 2차 지지선의 폭이 크게 벌어졌다가 줄어들었을 때가 매수 시점입니다.

6일 차

Chapter 21.
주식차트 보는 법! 매물대차트에 대한 모든 것을 낱낱이 알려드립니다!

- ▷ 매물대차트란?
- ▷ 매물대 해석의 시작은 기간 설정과 막대그래프 분석!
- ▷ 매물대를 통해 무엇을 살펴봐야 할까요?

학습 난이도 ★★★☆☆

Chapter 22.
마법지표 "스토캐스틱" 월가에서 사용하는 보조지표!

- ▷ 마법의 지표, 스토캐스틱!
- ▷ 스토캐스틱과 같이 활용하면 금상첨화, Williams%R!
- ▷ 스토캐스틱으로 매매 포인트 잡기
- ▷ 실전! 스토캐스틱과 윌리엄스%R로 차트 분석

학습 난이도 ★★★★★

Chapter 23.
변곡점, 상승·하락 추세전환 예측하는 방법 + MACD보조지표 보는 법

학습 난이도 ★★★★☆

- ▶ 변곡점은 MACD보조지표로 포착하자!
- ▶ 활용법 하나. 단기매매 시 주의사항!
- ▶ 활용법 둘. 추세전환 예측!
- ▶ 활용법 셋. 매수 및 매도 시점 파악!

Chapter 24.
집 팔아서라도 사라는 그 기법! 초급등주 잡는 삼중바닥기법 뽀개기

학습 난이도 ★★★★☆

- ▶ 포인트 1. 20일 이동평균선을 뚫고 나온 초기 상승
- ▶ 포인트 2. 옷걸이기법과 기준봉
- ▶ Tip. 거래량은 흔적이다!
- ▶ 포인트 3. 짝궁뎅이 패턴
- ▶ 포인트 4. 손절 전략

챕터 21.

주식차트 보는 법! 매물대차트에 대한 모든 것을 낱낱이 알려드립니다!

유튜브
연결하기

QR코드로 영상 보는 법 p.11을 참고!

매물대나 매물대차트라는 용어는 많이 들어봤을 것입니다. 그러나 매물대 해석법에 대해 모르는 분이 많은 것 같습니다. 매물대차트는 심리적인 부분을 판단할 때 유용하기 때문에 수익 창출의 확률을 높일 수 있습니다. 매물대차트의 해석 및 활용법이 궁금한 분들을 위해 지금부터 매물대차트의 A부터 Z까지 완벽하게 알려드리겠습니다.

김길성
이상투자그룹
현) 수석 전문가

▶ 매물대차트란? ⏱ 4분 6초에서 바로 확인

① 매물대는 심리다.

매물대는 일정 기간에 특정 가격에서 거래되는 주식의 수량입니다. 매물대차트는 가로형 막대그래프 형식으로, 과거부터 현재까지의 거래량과 캔들의 움직임을 가격대별로 나타낸 차트입니다. 매물대가 집중되어 있는 가격대를 확인할 수 있기 때문에 매수단가나 심리적인 부분을 판단하는 등 **포괄적인 정보를 파악하는 데 용이**합니다. 여기서 '포괄적인 정보'란 정확한 가격대를 제시해 줄 수는 없지만 향후 투자 방향을 판단하는 데 보조 자료로 활용할 수 있는 정보를 말합니다.

② 매물대 설정

매물대에서 볼 수 있는 부분은 설정이 가능합니다. 매물대는 세분화할 수 있지만 일반적으로 10 ~ 12단계로 나눈다는 사실을 알아두세요. 초보자라면 HTS상에서 기본 차트 사용을 추천합니다.

▶ 매물대 해석의 시작은 기간 설정과 막대그래프 분석! ⏱ 9분에서 바로 확인

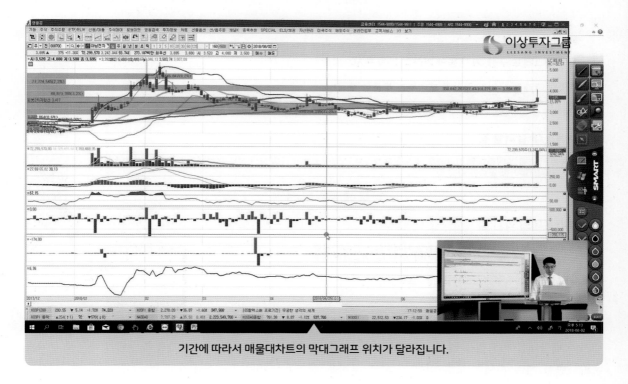

기간에 따라서 매물대차트의 막대그래프 위치가 달라집니다.

① 기간 설정

기간 설정에 따라 매물대의 위치가 바뀌어서 당황하는 분이 많습니다. 매물대는 설정한 기간의 거래량을 기준으로 산출되기 때문에 **기간 설정에 따라 매물대 차트 막대그래프의 위치가 오락가락**합니다. 그래서 매물대를 해석할 때, 약간의 오차가 발생할 수 있음을 먼저 이해해야 합니다. **단기 투자 관점이라면 단기로, 장기 투자 관점이라면 장기로 기간을 설정하여 매물대를 체크**하는 것이 좋습니다.

② 매물대의 길이

매물대 해석은 막대그래프의 길이에 주목해야 합니다. 막대의 길이는 설정한 기간 동안의 누적 거래량을 나타내기 때문이죠. **막대의 길이가 길수록 구간 거래를 의미하며, 이 안에는 매수자와 매도자가 많았다는 뜻입니다.** 이를 통해 '매도 대기자가 많다', '매물대 저항이 심하다'고 판단할 수 있죠. 항상 **매물대를 판단할 때는 심리적인 부분까지 고려**해야 합니다. 막대의 길이가 길다면 이전에 갖고 있던 보유자와 신규 매수자의 투자 심리가 달라질 수밖에 없습니다. 투자자의 심리까지 이해한다면 향후 투자를 판단하는 데 있어 큰 도움이 될 것입니다.

▶ 매물대를 통해 무엇을 살펴봐야 할까요? ⏱11분 50초에서 바로 확인

◆ 매물대 해석

→ 막대 그래프 구성, 기간 동안 거래량 비율 표시

→ 막대 그래프의 가로 길이가 보여주는 부분을 주목!

길이가 길수록 구간 거래를 의미하며, 당연히 이 안에는 매수와 매도를 한 사람들이 많았다는 뜻.

◆ 매물대 살펴볼 점

→ 차트의 흐름과 매물대를 비교했을 때 손실구간인지, 고점에서 매수하여 물린 상태로 본전을 찾으려는 매물이 쏟아질지 흐름을 파악할 필요가 있음.

매물대 = 저항선

◆ 매물대의 약한 점

Ex) 중장기(6개월)로 그린다면 그 기간의 거래량을 기준으로 산출
단기적(1개월)로 그린다면 그 기간의 거래량을 기준으로 산출

= 산출되는 기간이 다르므로 매물대는? 오락가락!

하나의 차트로는 정확한 매물대를 파악할 수 없다는 약점이 있음.

주가와 매물대를 비교했을 때 손실구간인지, 고점에서 매수하여 물린 상태(고점에서 매수했기 때문에 주가가 하락하면서 계속 손해를 보고 있는 상태)로 본전을 찾으려는 매물이 쏟아질지 등의 흐름을 파악할 필요가 있습니다. '**고점에서 물린 사람이 많냐, 없냐**'를 파악하는 것입니다. 고점에서 매물대가 길게 나타났다면, 대부분의 개인투자자는 고점에서 물렸을 경우, '목표가 = 매수가'가 되는 특징을 보입니다. 매도를 통해 이익을 보겠다는 것이 아니라 손해를 보지 않겠다는 심리에서 기인한 것이죠. 주가가 상승하기 위해선 매물대를 상향 돌파해야 합니다. 따라서 '**매물대는 저항선이 될 수 있다**'는 점을 꼭 기억하세요!

 챕터 포인트 ✅

① 매물대는 심리, 거래량을 종합적으로 나타내고 판단할 수 있는 정보입니다.
② 기간 설정에 따라 산출되는 기간이 다르므로 매물대의 위치는 오락가락합니다.
③ 매물대를 통해 '고점에서 물린 사람이 많냐, 없냐'를 파악하는 것이 가장 중요합니다.
④ 매물대는 저항선이 될 수 있음을 항상 기억하세요!

챕터 22.

마법지표 "스토캐스틱"
월가에서 사용하는 보조지표!

유 튜 브
연결하기

QR코드로 영상 보는 법 p.11을 참고!

새로운 종목에 투자하길 원하지만 언제 살지 고민하시는 분, 분명히 계시죠? 타이밍을 어떻게 잡아야 하는지 물어보시는 분이 많습니다. 오늘은 미국 월가에서도 사용하는 단타 필수 지표를 쉽고 간단하게 정리해드리겠습니다. 마법의 지표 스토캐스틱과 스토캐스틱을 보완해 줄 다른 지표까지! 오늘 배울 내용을 습득하신다면 여러분도 수익을 낼 수 있습니다. 지금 바로 공개합니다!

이상우
이상투자그룹
현) 수석 전문가

▶ **마법의 지표, 스토캐스틱!** ⏱ 2분 58초에서 바로 확인

스토캐스틱(Stochastic) 지표는 주가 수준이 일정 기간의 가격 변동폭에서 어느 위치에 있는지 백분율로 나타낸 지표입니다. **향후 주가의 방향을 예측하여 지표를 분석하는 기법인 것이죠. 최근의 주가 변동폭과 당일 종가의 관계를 이용**합니다. 스토캐스틱을 쉽게 이해하기 위해 수식을 아래와 같이 간략하게 표현했습니다.

$$스토캐스틱 = \frac{종가 - 최저가}{최고가 - 최저가}$$

분모는 변동폭, 분자는 저점 대비 위치를 의미합니다. 산출된 값이 0에 가까울수록 저점, 100에 가까울수록 고점이며, 시장의 과열과 침체를 판단할 수 있습니다. 스토캐스틱을 등산에 비유하자면, 산의 밑 부분을 보고 자신의 위치를 파악하는 것과 같습니다. 스토캐스틱을 활용하면 매매 포인트를 잡는 데 유리하겠죠?

스토캐스틱은 크게 패스트 스토캐스틱(Fast Stochastic)과 슬로우 스토캐스틱(Slow Stochastic)으로 나뉩니다. 저희는 패스트 스토캐스틱을 사용해볼까요? 패스트 스토캐스틱에서 'Fast %K'는 현재 가격 위치의

상대적 수준, 'Fast %D'는 %K의 이동평균을 나타냅니다. 이 정도만 이해하시면 스토캐스틱을 활용하는 데 큰 어려움은 없을 것입니다.

▶ **스토캐스틱과 같이 활용하면 금상첨화, Williams%R!** ⏱ 5분 30초에서 바로 확인

스토캐스틱 지표 하나만 사용하면 잘 맞지 않으니까 지표가 틀렸다고 생각하시는 분이 많습니다. 잘 모르셔서 그렇습니다. 스토캐스틱 지표와 윌리엄스%R 지표를 같이 사용해야 합니다!

스토캐스틱은 의외로 저점을 확인하기에는 약합니다. 스토캐스틱을 보완해 주는 것이 윌리엄스%R (Williams%R) 지표입니다. 스토캐스틱과 비슷하지만 고점 대비 위치를 파악할 수 있다는 점에서 다르죠.

$$윌리엄스\%R = \frac{최고가 - 종가}{최고가 - 최저가}$$

간략화한 위 수식을 보면, 분모는 변동폭, 분자는 고점 대비 위치를 의미합니다. 산출된 값이 0에 가까울수록 고점, −100에 가까울수록 저점입니다. 등산에 비유하자면, 산의 정상을 보고 위치를 파악하는 것과 같습니다.

스토캐스틱과 윌리엄스%R을 동시에 활용하면 시너지 효과가 발생합니다. 저점 대비 위치와 고점 대비 위치를 통해 정확한 위치를 파악할 수 있습니다. 매매 타이밍을 잡기 수월해지는 것이죠.

▶ **스토캐스틱으로 매매 포인트 잡기** 🕐 8분 53초에서 바로 확인

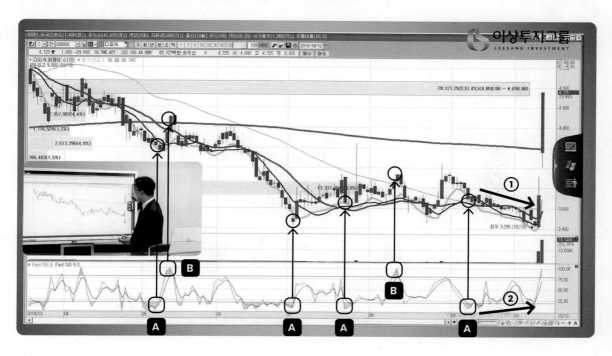

디피씨 차트를 보면서 설명을 드리겠습니다. 스토캐스틱으로 매매 포인트를 잡는 방법은 크게 두 가지입니다.

첫째, 저점과 고점을 찾는 방법입니다. 보통 %K선이 %D선을 **골든크로스**한 지점을 파악하지만 너무 많은 매매 신호가 뜬다는 단점이 있죠. 따라서 위 차트에서 볼 수 있듯, **K% 가 25% 이하**의 저점이 **매수신호(A)**, **80% 이상**의 고점이 **매도신호(B)**로 이해하시면 좋습니다.

둘째, 다이버전스를 활용하는 방법입니다. 차트에서처럼 주가의 추세선(①)은 우하향하지만 스토캐스틱의 추세선(②)은 우상향하는 것을 상승 다이버전스라고 합니다. 상승 다이버전스는 상승추세로 전환될 확률이 높으므로 매수해야 하고, 하락 다이버전스가 나타난다면 매도해야 합니다.

★ 다이버전스
관련 영상 바로 확인!

▶ 실전! 스토캐스틱과 윌리엄스%R로 차트 분석 ⏱ 12분 20초에서 바로 확인

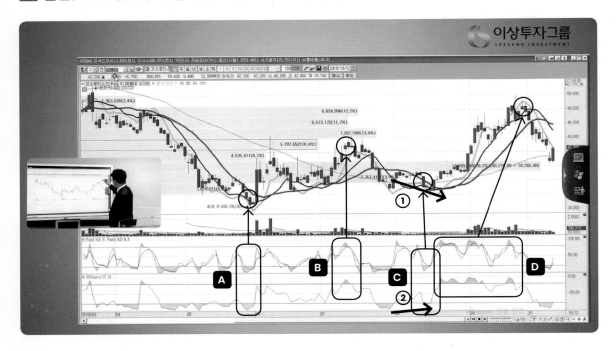

알아
두기
골든크로스: 단기선이 중기선을 위로 뚫고 올라가는 것으로 대개 주가 상승을 예측하여 매수신호로 해석됩니다.

이번에는 스토캐스틱과 윌리엄스%R을 활용해 코오롱티슈진 차트를 분석해보겠습니다. 두 지표는 매수신호와 매도신호를 제대로 보내고 있을까요?

① 매수신호

– A 매수신호 : 스토캐스틱과 윌리엄스%R에서 20% 이하의 저점이 나타나며, 주가가 상승추세로 전환하는 것을 확인할 수 있습니다.

– B 매수신호 : 스토캐스틱과 윌리엄스%R에서 20% 이하의 저점이 나타납니다. 게다가 주가의 추세선(①)은 우하향, 윌리엄스%R의 추세선(②)은 우상향으로 상승 다이버전스가 발생했습니다. 이후 주가가 상승하고 있습니다.

② 매도신호

– C 매도신호 : 스토캐스틱과 윌리엄스%R에서 80% 이상의 고점이 나타나며, 이후 주가가 하락합니다.

– D 매도신호 : 두 지표 모두 80% 이상의 고점이 3번 나타납니다. 3번의 매도신호가 있었던 것이고, 이후 주가가 떨어지는 것을 확인할 수 있습니다.

★ 챕터 포인트 ✓

① 스토캐스틱은 최근의 주가 변동폭과 당일 종가의 관계를 이용하기 때문에 향후 주가의 방향을 예측하여 지표를 분석합니다.

② 스토캐스틱과 윌리엄스%R을 동시에 활용한다면 시너지 효과가 발생합니다.

③ 스토캐스틱과 윌리엄스%R에서 20% 이하의 저점 또는 상승 다이버전스는 매수 시점, 80% 이상의 고점 또는 하락 다이버전스는 매도 시점입니다.

챕터 23. 변곡점, 상승 · 하락 추세전환 예측하는 방법 + MACD보조지표 보는 법

유튜브 연결하기

QR코드로 영상 보는 법 p.11을 참고!

최근에 개인투자자분들이 매매하면서 가장 힘들어하는 부분이 변곡점을 찾는 것입니다. 변곡점을 찾아서 추세전환을 예측할 수만 있다면 상승하기 시작할 때 사서, 하락하기 전에 팔 수 있겠죠? 이번 영상에서는 'MACD보조지표를 이용해서 변곡점을 어떻게 찾느냐'라는 주제로 진행하려고 합니다. 제가 알기 쉽고, 간략하게 설명드릴 테니 어렵게 생각하지 않으셔도 됩니다!

김길성
이상투자그룹
현) 수석 전문가

▶ 변곡점은 MACD보조지표로 포착하자! ⏱ 2분 27초에서 바로 확인

변곡점은 말 그대로 추세가 바뀌는 지점입니다. MACD를 활용하여 포착할 수 있죠. MACD(Moving Average Convergence and Divergence)는 이동평균수렴·확산지수로, 대표적인 추세확인 보조지표입니다. 12일간의 **지수이동평균**과 26일간의 지수이동평균의 차이를 산출하고, 이 차이를 다시 9일간의 지수이동평균으로 산출하여 시그널(signal)로 사용하는 것이죠. MACD OSCILLATOR는 MACD와 시그널 지표를 차감한 값을 막대그래프로 표시합니다.

<MACD 설정하는 방법>
차트의 빈 화면에 마우스 우클릭 ▶ '지표 추가' 클릭 ▶ '찾기'에 'MACD OSCILLATOR' 입력 ▶
'MACD OSCILLATOR' 클릭 ▶ '적용' 클릭

알아두기

지수이동평균(EMA): 최근 주가에 더 많은 가중치를 주는 방법으로 단순이동평균보다 최근 이슈를 더 잘 반영한다는 장점이 있습니다.

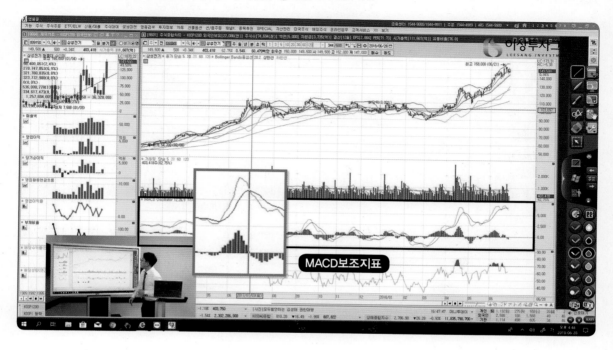

삼성전기 차트를 통해 자세히 설명하겠습니다.

MACD는 변곡점을 찾을 때뿐만 아니라 단기매매에도 유용하게 사용할 수 있습니다. 장기에 비해 단기적으로 상승폭이 크다면 12일 이동평균선(빨간색 선)이 26일 이동평균선(파란색 선)보다 높게 위치하고, 빨간색 막대그래프의 길이도 길어집니다.

이렇게 **막대그래프의 길이가 길어졌을 때에는 절대 단기매매를 해서는 안 됩니다!** 단기매매는 **이격도**가 낮은 곳에서 이뤄져야 합니다. 상승폭이 크다면 그만큼 조정폭이 클 수 있기 때문이죠. **단기투자를 하는 분이라면 MACD의 막대그래프가 위로 산의 형태를 이룰 때에는 절대 고점에서 매수하면 안 된다는 점** 명심하세요!

알아
두기
　　　　이격도: 주가가 이동평균값으로부터 어느 정도 차이가 있는가를 나타내는 지표입니다.

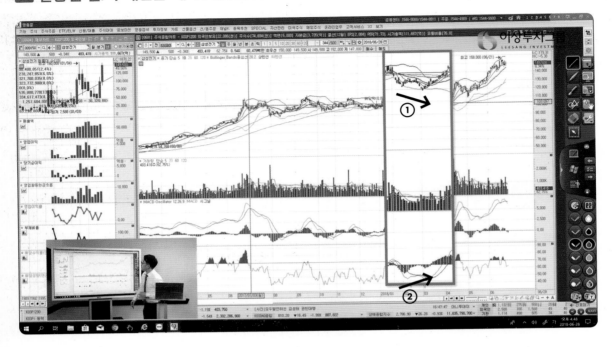

다시 삼성전기 차트를 보겠습니다.

차트상에서 두 개의 저점을 이어 추세선(①)을 그리면 주가는 우하향합니다. 그렇다면 주가는 계속 떨어질까요? 그렇지 않습니다. MACD에서 해당 시기의 두 개의 저점을 이어 추세선(②)을 그리면 우상향합니다.

이때를 'MACD상에서 상승 다이버전스가 발생했다'고 표현합니다. **상승 다이버전스가 나타나면 앞으로 상승추세로 전환할 가능성이 높다고 예측할 수 있습니다.** 반대로 하락 다이버전스가 나타나면 하락추세로 전환할 가능성이 높다는 것을 알 수 있죠.

★ **다이버전스** 관련 영상 바로 확인!

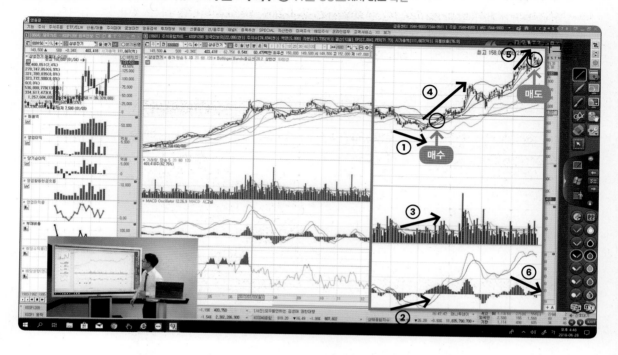

① 매수 시점

그렇다면 매수 시점은 언제로 잡아야 할까요? 하락추세에서 상승추세로 전환되는 시점이 되어야겠죠. 차트를 보면 주가는 우하향(①)하지만 MACD는 우상향(②)하고 있습니다. 상승 다이버전스가 나타나고, 거래량도 늘어나기(③) 때문에 차트에 추세선을 그리면서 상황을 주시해야 합니다. **주가가 상향 돌파(④)할 때가 바로 매수 시점입니다.** 추세매매는 단기적으로 추세전환이 됐다는 근거를 포착하는 것이 중요합니다.

② 매도 시점

매도 시점은 상승추세에서 하락추세로 전환되기 전으로 잡는 것을 추천합니다. 주가는 우상향(⑤)하지만 MACD가 우하향(⑥)한다면 추세전환이 일어날 확률이 높습니다. 이런 경우, 하락 다이버전스가 발생했다고 할 수 있습니다. 물론 예측과 달리 주가는 상승추세를 이어갈 수도 있겠죠.

일반적으로 MACD를 이용한 추세전환 예측 성공률은 대략 70%입니다. 추세 이탈이 없을 것이라는 30%의 확률이 아닌 추세전환이 있을 것이라는 70%의 확률을 따라가며, 리스크 관리를 하는 것이 중요합니다. 만약 하락추세로 전환되면 비중축소를 하고, 이전의 저항선이 지지선 역할을 하는지 확인하면서 2차 매도를 하면 됩니다.

★ **챕터 포인트** ✅

① MACD 오실레이터의 막대그래프 길이가 길다면 절대 단기매매를 해서는 안 됩니다.
② 상승 다이버전스라면 상승 추세전환이, 하락 다이버전스라면 하락 추세전환이 발생할 확률이 높습니다.
③ 매수는 상승 다이버전스에서 주가가 상향 돌파를 할 때, 매도는 하락 추세전환이 예측될 때를 추천합니다.

챕터 24.

집 팔아서라도 사라는 그 기법!
초급등주 잡는 삼중바닥기법 뽀개기

유튜브
연결하기

QR코드로 영상 보는 법 p.11을 참고!

투자자 여러분, 혹시 삼중바닥이란 말을 들어보셨나요? '집을 팔아서라도 사야 된다'고 말할 정도로 아주 중요한 자리가 바로 삼중바닥입니다. 급등하는 주식을 보면 삼중바닥이 나타나는 경우가 많습니다. 오늘은 몇 가지 포인트를 통해서 삼중바닥을 찾는 방법부터 분석하고, 매매하는 방법까지 총망라하여 알려드리도록 하겠습니다.

이상우
이상투자그룹
현) 수석 전문가

▶ 포인트 1. 20일 이동평균선을 뚫고 나온 초기 상승 ⏱ 4분 37초에서 바로 확인

삼중바닥은 집을 팔아서라도 매수하라고 할 만큼 급등의 기초가 됩니다! 왜냐하면 3번의 하방의 지지가 일어나기 때문입니다. 이는 누군가가 3번이나 바닥에서 사줬다는 것입니다.

갤럭시아컴즈(갤럭시아커뮤니케이션즈) 차트를 보며 설명을 드리겠습니다.

1차 바닥의 1번 자리에서 20일 이동평균선(노란색 선)을 돌파한 초기 상승(①)은 고점을 찍습니다. 보통 개인투자자분들은 이때 살까, 말까 고민을 하죠. 초기 상승은 대체로 뒤에 나타나는 상승에 비해 크지 않습니다. 위에 **매물대**가 많기 때문에 한 번에 돌파하지 못하고 주가가 다시 떨어지게 됩니다(②).

만약 1번 자리에서 매수했다면, 주가가 20일 이동평균선을 뚫고 내려갈 때(A)는 비중을 축소해야 합니다. 고점이나 20일 이동평균선을 하향 이탈할 때는 절대 매수해서는 안 됩니다.

알아두기

매물대: 특정 기간 동안 특정 가격대에 매수와 매수가 체결된 거래량을 말합니다. 특정 가격대에 매물이 많이 쌓여 있다는 말은 그 가격대에 지지와 저항의 역할을 한다는 의미로 해석됩니다.

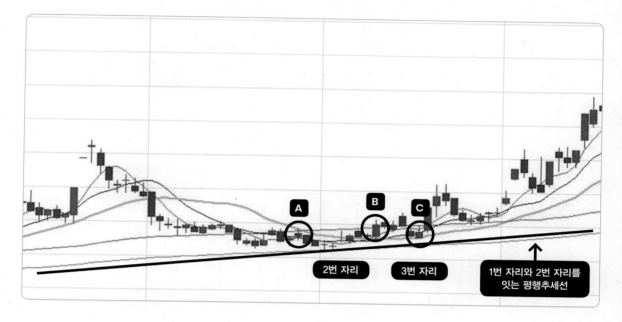

주가는 계속 하락하여 2차 바닥을 만듭니다. 주가가 20일 이동평균선과 다시 만나는 2번 자리죠. 1번 자리와 2번 자리를 잇는 평행추세선을 그었을 때, 저점이 살짝 올라간 자리(A)가 나타날 때가 있습니다.

이 지점이 저점을 잡아주는데 저는 이를 옷걸이기법이라고 부릅니다. 20일 이동평균선 밑에 캔들이 붙어 있는 형태로 빨랫줄에 옷걸이가 걸린 모양과 같죠. 20일 이동평균선이 빨랫줄, 20일 이동평균선에 붙어 있는 캔들이 옷걸이의 고리, 주가가 옷걸이의 몸통이라고 생각하면 이해가 쉬울 것입니다.

옷걸이기법이 나온 다음에 주가가 다시 바닥을 기다가 갑자기 기준봉(B)인 장대양봉이 20일 이동평균선을 뚫고 솟아오릅니다. 기준봉이 나오면서 양음양 형태가 나타나는 것을 확인할 수 있습니다. 이후에 역망치형 양봉(C)이 나오면 매수해야 합니다.

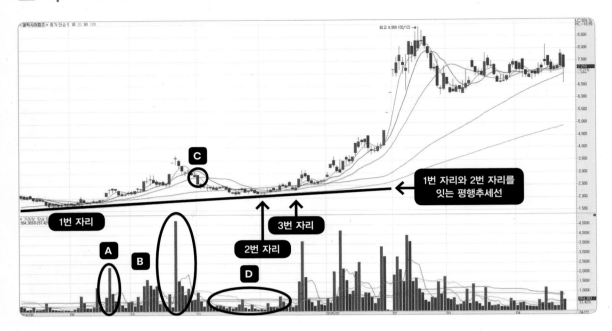

여기서 팁 하나! 모든 차트에서 가장 중요한 것은 거래량입니다. 세력이 아무리 자신의 흔적을 숨기려고 해도 거래량은 남죠. 1번 자리에서 거래량(A)이 늘고, 이후 고점에서 2배에 가까운 거래량(B)이 터지지만 주가는 하락합니다.

이때는 세력들이 이탈하고 있는 것이기 때문에 무조건 매도해야 합니다. **바닥에서 거래량이 터지면 주가가 상승하지만, 고점에서 거래량이 터지면 주가는 하락합니다.**

주가는 20일 이동평균선을 뚫고 계속 내려가고(C), 해당 종목은 투자자의 관심 밖으로 밀려나 거래량은 최저로 떨어집니다. 같은 금액을 투자하고도 최대의 효과를 만들 수 있기 때문에 세력은 이러한 종목을 좋아합니다.

따라서 **거래량이 터졌다가 완전히 빠졌을 때(D)는 관망하며 매수를 준비해야 합니다.** 거래량이 바닥인 상태에서 옷걸이기법과 기준봉이 나오는지 살피고, 거래량이 순증하는지 확인해야 하는 것이죠.

① 짝궁뎅이 패턴 매수 포인트

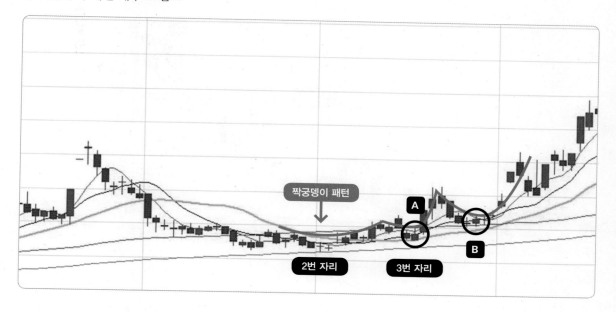

파동의 크기가 갈수록 줄어들듯이 3차 바닥도 앞선 바닥에 비해 짧게 나타납니다. 이미 이전에 매물대를 소화한 물량이 많기 때문이죠. 그래서 오히려 3차 바닥에서 급등이 나오기 쉽습니다.

2차 바닥에서 주가가 상승하다가 **눌림목**이 나타나면서 3차 바닥이 형성됩니다. 이때 **3차 바닥은 2차 바닥보다 높게 위치하여 우상향하는 짝궁뎅이와 같은 모양이 되는 것이 제일 좋습니다.**

역망치형 양봉(A)을 시작으로 **적삼병**이 나오고, 이어서 4개의 눌림봉이 나옵니다. 그리고 주가가 20일 이동평균선에 지지(B)를 받아 다시 올라간다면 절대 놓쳐서는 안 될 매수 포인트입니다. 이때 매수하면 가장 큰 수익을 낼 수 있죠.

알아
두기

눌림목: 상승세를 보이던 주가가 수급 등의 요인으로 인해 일시적으로 하락세를 보이는 것을 말합니다.
적삼병: 3개의 양봉이 연속으로 나타나는 것을 말하며, 일반적으로 상승추세를 의미합니다.

② 또다른 매수 포인트

전고점

짝궁뎅이 패턴을 놓쳤더라도 아직 기회가 남았습니다. 전고점을 기준으로 선을 그립니다. 전고점을 돌파하여 선 위에 기준봉(A)이 세워지고, 주가는 눌림에 의해 다시 내려올 것입니다. 만약 내려오지 않고 계속 올라간다면 매수를 포기해야 하는 것이죠.

다시 내려온 **주가가 전고점 기준선에 지지를 받고, 양음양 캔들이 나타납니다. 이때는 음봉(B)에서 매수하는 것을 추천하며, 아무리 늦어도 두 번째 양봉의 시가로 매수해야 합니다.**

손절 라인을 잡는 것은 간단합니다. **전저점을 지지하지 않으면 현재 보유한 포지션에 대한 비중축소를** 해야 합니다. 예를 들어, 2번 자리에서 옷걸이기법이 나타나지 않고 계속 내려가거나 2차 바닥에서 우상향하는 짝궁뎅이가 아니고 2차 바닥보다 내려가면 비중축소를 해야 합니다. 다시 올라오면 그때 비중확대를 해도 늦지 않는 것이죠.

★ **챕터 포인트** ✅

① 20일 이동평균선을 뚫고 올라간 자리가 매수 포인트고, 거래량이 터지는 자리에서는 절대 매수해서는 안 됩니다.

② 20일 이동평균선을 뚫고 내려와서 옷걸이기법이 나오고 거래량이 소멸되면 관망합니다. 그러다 기준봉이 세워지고, 20일 이동평균선에 안착하는 역망치형 양봉이 나오면 매수합니다.

③ 다시 상승하는 듯하다가 눌림목이 나오면서 짝궁뎅이 패턴이 되면 매수합니다.

④ 1차 상승의 고점을 돌파하고, 눌림목이 나오지만 1차 고점에서 지지받으며 양음양이 나온다면 음봉에서 매수합니다.

⑤ 손절 라인은 전저점을 기준으로 하며, 주가가 전저점을 지지하지 않는다면 비중축소를 합니다.

5일 차 ~ 6일 차 유튜브 흐름타기

5일 차 | Chapter 18

- ▶ 양음음양이 뭐예요?
- ▶ 실제 차트에 적용하기

5일 차 | Chapter 19

- ▶ 20일 이동평균선과 양음양이 만나면 급등주 초입이다?
- ▶ 차트를 적용해서 더욱 자세히 알아보기!

5일 차 | Chapter 17

- ▶ 양음양 캔들과 강력한 기법 공개!!!
- ▶ 양음양 실전 적용!

5일 차 | Chapter 20

- ▶ 피봇이란?
- ▶ 피봇을 이용한 매매법 및 주의사항은?
- ▶ 변동성 분석에 유용한 피봇매매!
- ▶ 피봇을 이용한 양음양 패턴 활용

QR코드로 영상 보는 법 p.11을 참고!

p.11을 참고!

 전체 영상 재생목록

아이린 회원님 질문에 답변드립니다!
매물대차트
24:48

6일 차 | Chapter 21

▶ 매물대차트란?
▶ 매물대 해석의 시작은 기간 설정과 막대그래프 분석!
▶ 매물대를 통해 무엇을 살펴봐야 할까요?

상승장 하락장
추세 전환 예측하는 방법
21:53

6일 차 | Chapter 23

▶ 변곡점은 MACD보조지표로 포착하자!
▶ 활용법 하나. 단기매매 시 주의사항!
▶ 활용법 둘. 추세전환 예측!
▶ 활용법 셋. 매수 및 매도 시점 파악!

고수비급
주식 초급등 공식!
삼중바닥기법
26:42

6일 차 | Chapter 24

▶ 포인트 1. 20일 이동평균선을 뚫고 나온 초기 상승
▶ 포인트 2. 옷걸이기법과 기준봉
▶ TIP. 거래량은 흔적이다!
▶ 포인트 3. 짝궁뎅이 패턴
▶ 포인트 4. 손절 전략

하락장에 쓰기 좋은
마법의 지표
스토캐스틱
15:37

6일 차 | Chapter 22

▶ 마법의 지표, 스토캐스틱!
▶ 스토캐스틱과 같이 활용하면 금상첨화, Williams%R!
▶ 스토캐스틱으로 매매 포인트 잡기
▶ 실전! 스토캐스틱과 윌리엄스%R로 차트 분석

5~6 일 차

7일 차

Chapter 27.
단타 전문가가 가장 애용하는 단타기법 공개! 수익 + 안전 2가지가 완벽!

▶ 단타매매에서 데이트레이딩이 뭔가요?
▶ 수익과 안전, 두 마리 토끼를 잡는 단타기법 1.
▶ 수익과 안전, 두 마리 토끼를 잡는 단타기법 2.
▶ 수익과 안전, 두 마리 토끼를 잡는 단타기법 3.

학습 난이도 ★★★☆☆

Chapter 28.
단타 필수! 주식 고수가 사용하는 나만의 "시스템 트레이딩"

▶ 시스템 트레이딩에 대해 알아보자!
▶ 시스템 트레이딩 기본 설정 방법 배우기
▶ 드디어 공개! 시스템 트레이딩 비기를 전수받자!

학습 난이도 ★★★☆☆

챕터 25.

안전하게 단타로 수익 내는 노하우 공개!
볼린저밴드 + 이평선

조회수
76,784
19.02.01 기준

유 튜 브
연결하기

QR코드로 영상 보는 법 p.11을 참고!

지금부터 경험을 통해 터득한 저만의 노하우를 공개하려고 합니다. 이 매매법을 누군가
부정적으로 생각할 수도 있지만 과거에 수익을 냈던 경험이 있기에 여러분에게도 도움이 되지
않을까 싶어 공유하는 것이죠. 어디까지나 제 경험에 근거했기 때문에 당장 이 매매법이 맞지
않더라도 감안해 주세요. 볼린저밴드와 단기 이동평균선을 이용한 제 노하우, 바로 공개합니다!

김길성
이상투자그룹
현) 수석 전문가

▶ 볼린저밴드의 원리 이해하기 ⏱ 7분 22초에서 바로 확인

① 볼린저밴드의 구성

볼린저밴드(Bollinger Bands)는 주가의 변동성에 따라 밴드가 수렴과 팽창을 반복하며, 밴드 내에서 주가의
움직임을 파악하기 위한 지표입니다. 볼린저밴드는 크게 상단선, 중심선, 하단선으로 구성되죠. 중심선은
일반적으로 20일 이동평균선으로 설정하고, 상·하단선을 결정하는 상·하한 변동폭은 중심선의 표준편차에
의해 결정됩니다. 따라서 주가 변동폭이 클수록 밴드의 폭은 크게 나타나는 것이죠.

② 볼린저밴드와 주가의 움직임

일반적으로 주가는 볼린저밴드 안에서 움직이지만, 가끔 밴드 밖으로 나가는 경우가 있습니다. 단기적 이탈은
다시 밴드 내로 돌아올 확률이 높습니다. **주가가 상단선 밖으로 나갔다면, 매도할 준비**를 해야 합니다. 물론
상단선 밖으로 나갔다고 하여 무조건 주가가 급락하는 것은 아니지만 단타매매 시에는 조심할 필요가 있죠.

반대로 **상단선 밖에서는 절대 매수해서는 안 됩니다.** 주가가 밴드 안으로 들어오면서 급락하는 경우가 있습니다. 상단선 밖에서도 계속 급등할 것이라는 섣부른 추측으로 **뇌동매매**나 추격매매를 하지 않도록 주의하시기 바랍니다.

▶️ **볼린저밴드의 매매 활용법을 실전으로 배워봅시다!** ⏱️ **11분 38초**에서 바로 **확인**

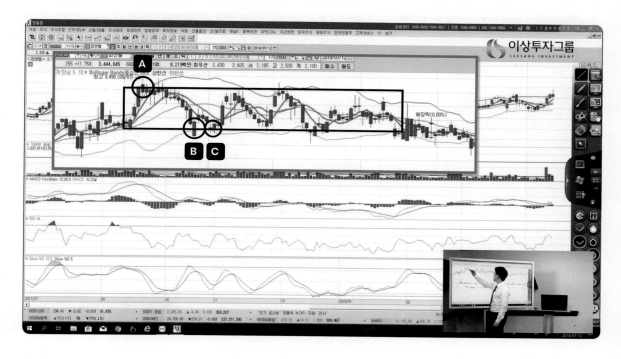

위의 피앤텔 차트를 이용해 자세히 설명드리겠습니다.

볼린저밴드의 상단선은 저항선, 하단선은 지지선 역할을 합니다. **박스권(검정색 사각형)의 주가에서 상단선 밖으로 튀어나온 부분(A)이 매도시점입니다.** 하단선을 치면서 양봉이 나오는 경우(B)도 있습니다. 이때는 당일 혹은 다음 날 종가매수로 접근하고, 매수한 다음 날 3 ~ 5% 수익을 목표로 단타나 스윙으로 매매할 수 있죠.

🔍 알아두기

뇌동매매: 투자자가 독자적이고 확실한 시세 예측을 통해 매매하는 것이 아니라 남을 따라하는 매매를 말합니다.

만약 하단선에서 망치형 양봉(C)이 나와서 종가매수를 했다면, 저점을 하향 이탈하지 않는 한 홀딩하는 것을 추천합니다. 이런 경우에는 일반적으로 중심선(20일 이동평균선)까지 주가가 올라가는 경향이 있습니다. **매수시점은 주가가 볼린저밴드 하단선으로 올 때까지 기다려야 한다**는 것을 명심해야 합니다.

▶ **볼린저밴드와 이동평균선을 이용한 단타매매 노하우 공개!** ⏱ **13분 49초**에서 바로 확인

다시 피앤텔 차트를 보며 설명드리겠습니다.

주가가 급등하면서 볼린저밴드가 확대되고 있습니다. 이때 상단선 밖으로 이탈한 주가가 음봉(A)이 나왔다면 매도해야 할까요? 우선은 아니라고 말씀드리고 싶습니다. 물론 이런 상황이라면 급락을 걱정하며 흔들리기 쉽습니다.

제 노하우를 공개하겠습니다! **차트에 10일 이동평균선**(주황색 선)**을 세팅하고, 일봉 종가를 기준으로 이탈하지 않는다면 홀딩합니다.** 10일 이동평균선 대신 5일 이동평균선도 가능하지만 잦은 매매가 발생할 확률이 높습니다.

일봉 종가를 기준으로 하는 이유는 장중에 흐름이 요동치더라도 10일 이동평균선 상단에 다시 자리 잡을 가능성이 있기 때문입니다. 차트에서 10일 이동평균선과 볼린저밴드, 주가가 모두 상승하고 있으며, 거래량도 증가하고 있습니다. 이런 상황이라면 음봉이 나오더라도 흔들리지 마세요!

그렇다면 매도시점은 언제일까요? **주가가 10일 이동평균선을 하향 이탈할 때(B), 과감하게 비중축소**를 하여 우선 수익을 챙겨야 합니다. 단기적인 상승폭이 컸으므로 급락이 예상되기 때문이죠. **다음 지지선은 중심선(20일 이동평균선)으로 잡고, 이마저 무너진다면(C) 과감하게 전량 매도**해야 합니다.

★ **챕터 포인트** ✅

① 개인적인 경험을 통해 터득한 단타매매법임을 감안하시기 바랍니다.

② 10일 이동평균선을 세팅하고, 일봉 종가를 기준으로 매도시점을 파악합니다.

③ 일봉 종가가 10일 이동평균선을 하향 이탈하면, 과감하게 비중을 축소합니다.

④ 일봉 종가가 다음 지지선인 볼린저밴드 중심선(20일 이동평균선)을 하향 이탈하면, 전량 매도합니다.

챕터 26.

단기 500% 이상 급등하는 '폭등주'는 대체로 역배열 상태에서 나온다!

유튜브 연결하기

QR코드로 영상 보는 법 p.11을 참고!

여러분은 정배열 투자와 역배열 투자 중 어떤 것을 하겠습니까? 아마 많은 분이 역배열보다는 정배열을 선택할 것입니다. 많은 책에서 역배열 종목은 피하고, 절대 매매하면 안 된다고 합니다. 그런데 저는 왜 여러분께 역배열매매를 알려드릴까요? 다른 사람이 안 살 때 사야 수익을 낼 수 있는 것이죠. 역배열의 규칙성과 패턴만 파악한다면 충분히 수익을 낼 수 있습니다. 주식은 타이밍입니다. 역배열에서 타이밍을 잡는 방법, 지금부터 알려드리겠습니다.

이상우
이상투자그룹
현) 수석 전문가

▶ 정배열과 역배열을 알려면 이동평균선을 먼저 배워라? ⏱ 5분 35초에서 바로 확인

정배열과 역배열은 이동평균선이 정렬된 상태에 따라 구분됩니다. 그래서 이동평균선에 대해 먼저 이해할 필요가 있죠. 이동평균선은 시장 전반의 주가 흐름을 파악하고, 향후 주가의 추이를 판단하는 데 사용되는 대표적인 기술지표입니다. 크게 단순 이동평균선과 지수 이동평균선으로 구분됩니다.

① 단순 이동평균선 : 단순히 일정 기간의 평균값입니다.
② 지수 이동평균선 : 최근 값에 가중치를 부여하여 구한 평균값이기 때문에 단순 이동평균선보다 단기성이 더 강합니다.

우리가 흔히 사용하는 것은 단순 이동평균선입니다. 이동평균선은 기간에 따라 장기, 중기, 단기로 구분되죠. 기간을 나누는 명확한 기준이 없기 때문에 개인의 투자 성향에 따라 분류가 달라질 수 있지만 일반적으로 아래와 같이 구분됩니다.

단기	5일 이동평균선	일주일의 평균값
	10일 이동평균선	2주의 평균값
	20일 이동평균선	1개월의 평균값
중기	60일 이동평균선	3개월의 평균값
장기	120일 이동평균선	6개월의 평균값
	240일 이동평균선	1년의 평균값

5일 이동평균선을 예로 들어 몇 가지 설명을 드리겠습니다. 5일 이동평균선은 5일 이평선, 5일선 등 다양하게 불리죠. 5일 이동평균선은 5일 동안 매매된 종가의 평균값으로 만든 지표입니다. 일주일의 매매 거래일은 주말을 제외한 5일이기 때문에 5일 이동평균선은 일주일의 값을 구한 것이라고 생각하면 되는 것이죠.

▶ 정배열과 역배열의 차이는? ⏱11분 40초에서 바로 확인

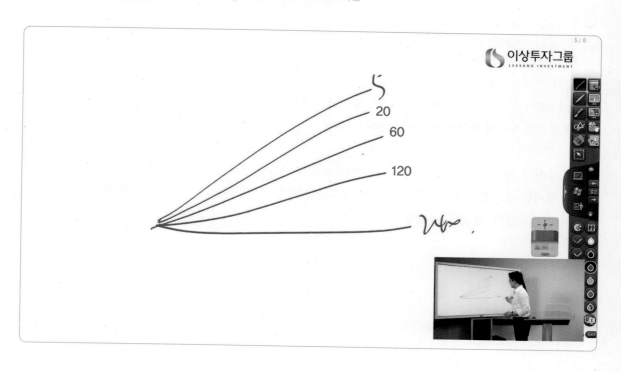

앞의 사진에서처럼 맨 위에 5일 이동평균선부터 240일 이동평균선까지 순차적으로 배열되어 있다면 이것은 정배열일까요, 역배열일까요? **캔들 아래쪽에 단기, 중기, 장기 이동평균선 순으로 나열되어 있는 형태가 정배열**입니다. 정배열이 나타나면 과거부터 현재까지 주가가 꾸준히 상승하고 있으며, 앞으로도 주가의 상승 추세가 강할 것으로 판단합니다.

정배열이라고 해서 무조건 좋은 것은 아닙니다. **정배열은 이격도가 점점 커지는 형태**입니다. 주가는 이동평균선으로 돌아오려는 경향이 있습니다. 이격도가 커지면 주가는 이동평균선 근처까지 내려갈 가능성이 높은 것이죠. 따라서 **정배열 초기에 매수하면 좋지만, 정배열 후기에는 이격도가 커진 상태이고, 이때 거래량이 터진다면 반드시 매도해야 합니다.**

역배열은 캔들 위쪽에 장기, 중기, 단기 이동평균선 순으로 나열되어 있는 형태입니다. 갈수록 이격도가 줄어드는 형태입니다. 역배열에서는 단기 이동평균선일수록 기울기가 가파르고, 장기 이동평균선일수록 완만하게 나타납니다.

▶ 역배열매매는 어떻게 하는 것인가요? ⏱ 15분 33초에서 바로 확인

정배열과 역배열에는 초기, 중기, 말기가 있습니다. 이 시기를 구분할 줄 아는 것이 가장 중요합니다. 역배열은 떨어지는 형태이기 때문에 초기와 중기에 매수해서는 절대 안 됩니다. **역배열 말기로 생각될 때는 말기가 맞는지 반드시 확인한 후에 매수해야 합니다.**

역배열 말기가 지나면 정배열 초기가 오는 것입니다. 역배열과 정배열은 파동을 그리며 순환하는 것이죠. 따라서 **역배열 말기임을 확인하고 말기 중에서도 끄트머리에 매수해야 합니다.** 이때 매수를 해야 정배열 초기로 이어지면서 상승하는 것입니다. 반대로 정배열 말기는 역배열 초기로 이어지기 때문에 절대 매수해서는 안 되죠.

알아두기 이격도: 주가가 이동평균값으로부터 어느 정도 차이가 있는가를 나타내는 지표입니다.

많은 책에서는 보통 역배열 종목을 피하고, 절대 매매하면 안 된다고 말할 정도로 역배열매매는 아주 위험합니다. 하지만 하이 리스크, 하이 리턴이죠. 역배열의 말기를 확인하고, 그 끝을 잡을 수만 있다면 큰 수익을 낼 수 있습니다. 만약 **리스크가 부담스럽다면** 역배열 말기를 확인만 하고, **정배열 초기에 매수하는** 전략을 세우면 됩니다.

역배열이 나타나는 종목은 그만한 이유가 있습니다. 환기종목, 관리종목, **시가총액**이 작은 종목은 절대 역배열매매를 해서는 안 됩니다. **만약 역배열 말기라고 생각했는데 전저점을 하향 이탈한다면 즉시 손절해야** 합니다. 이때는 사실 말기가 아닐 수 있기 때문입니다.

▶ **역배열 말기를 확인하는 방법을 공개합니다!** ⏱ **19분 13초**에서 **바로 확인**

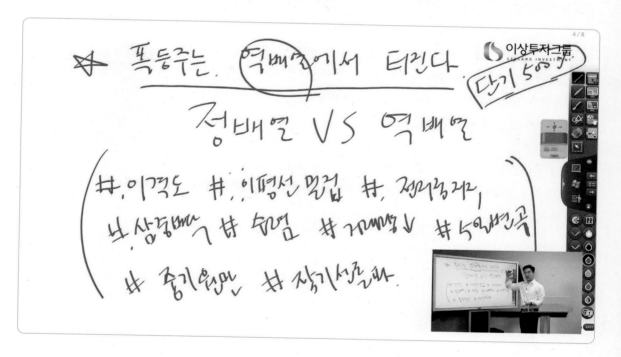

🔵 **알아두기**

시가총액: 기업이 발행한 주식에 주가를 곱한 것으로 주식시장에서 평가되는 해당기업의 가치입니다.

정배열 초기에 사기 위해 역배열 말기를 확인하는 몇 가지 방법이 있습니다. 아래 체크리스트를 통해 역배열 말기인지 반드시 확인하시기 바랍니다.

<역배열 말기 체크리스트>

- ✅ 이동평균선의 이격도가 작다.
- ✅ 5일 이동평균선, 10일 이동평균선, 20일 이동평균선 등 이동평균선이 밀집되고(수렴하고) 있다.
- ✅ 전저점을 지지한다.
- ✅ 삼중바닥이 나타난다.
- ✅ 거래량이 적다.
- ✅ 5일 이동평균선 변곡점이 나타난다.
- ✅ 중기 이동평균선(20일 이동평균선, 60일 이동평균선)의 기울기가 완만하다.
- ✅ 장기 이동평균선(120일 이동평균선, 240일 이동평균선)의 기울기가 완만(+우상향)하다.

체크리스트 항목 중 몇 가지를 설명드리겠습니다. 역배열 말기에는 이중바닥 또는 삼중바닥이 형성되며, 5일 이동평균선의 변곡점이 나타나야 합니다. 5일 이동평균선은 변화가 빠르게 반영됩니다. 전체적인 힘이 실리지는 않지만 변화의 전조를 포착하는 데 유용한 것이죠.

장기 이동평균선의 경우, 기울기가 완만한 상태에서 우상향이 시작하려는 조짐이 보일 때가 가장 좋습니다. 하지만 우상향을 확인하는 것까지는 어렵기 때문에 기울기가 완만한 것만 확인해도 괜찮습니다.

▶️ 실전! 차트로 확인해 봅시다! 🕐 25분 46초에서 바로 확인

① 인피니트헬스케어

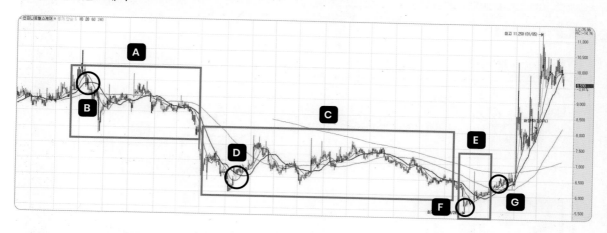

역배열 초기(A)에는 주가가 20일 이동평균선(빨간색 선)을 깹니다(B). 역배열 초기에서 다시 급격하게 하락하는 것이 보이죠. 하락하고 난 자리를 역배열 중기(C)로 봐야 합니다. 주가가 20일 이동평균선을 다시 상향 돌파(D)하지만 이때 매수해서는 안 됩니다. 역배열 중기에서 전저점을 지지하지 못하고 주가가 다시 빠지는 것을 확인할 수 있습니다. 하향 이탈하기 때문에 말기가 오는지 안 오는지 확인해야 합니다.

E 부분이 역배열 말기입니다. 240일 이동평균선 밑으로 5일 이동평균선까지 순차적으로 배열되어 있죠. 다시 주가가 하락한 자리에서 5일 이동평균선(노란색 선) 변곡점(F)이 나타나고, 중기 이동평균선이 완만해집니다. 5일 이동평균선이 변곡점을 찍고 올라오면서 이동평균선들이 수렴합니다.

변곡점을 찍고 올라온 5일 이동평균선이 20일 이동평균선을 골든크로스 하면서 정배열 초기 형태가 나타납니다. **5일 이동평균선과 20일 이동평균선이 60일 이동평균선(녹색 선)을 상향 돌파(G)하고, 위쪽부터 단기 이동평균선에서 장기 이동평균선 순으로 배열됩니다. 이때는 정배열 초기로 반드시 매수해야 합니다.** 역배열 말기를 확인만 하면 정배열 초기를 찾을 수 있으며, 수익을 극대화할 수 있는 것이죠.

중장기적인 투자 관점을 갖고 있다면 240일 이동평균선을 많이 참고합니다. 20일 이동평균선이 240일 이동평균선(회색 선)을 골든크로스 하는 지점이 상당히 좋습니다. 이때 매수해야 하는 것이죠. 반대로 20일 이동평균선이 240일 이동평균선을 데드크로스 하면 손절해야 합니다.

② 코오롱티슈진

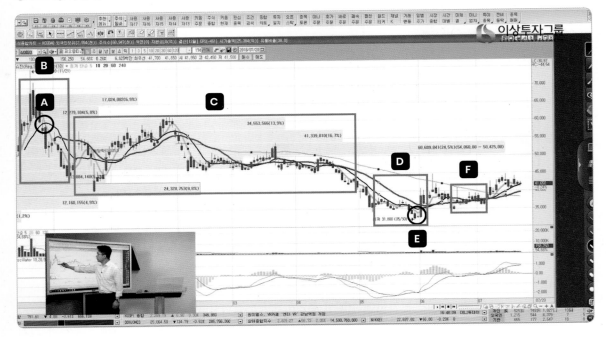

주가가 20일 이동평균선을 깨면서(A) 역배열 초기(B)가 나타납니다. 역배열 중기(C)에 주가가 상승하는 듯하다가 전저점을 지지하지 못하고 다시 하락하면서 역배열 말기(D)가 됩니다. 5일 이동평균선 변곡점(E)이 나타나고, 이동평균선들이 수렴(F)하고 있습니다.

③ 케어랩스

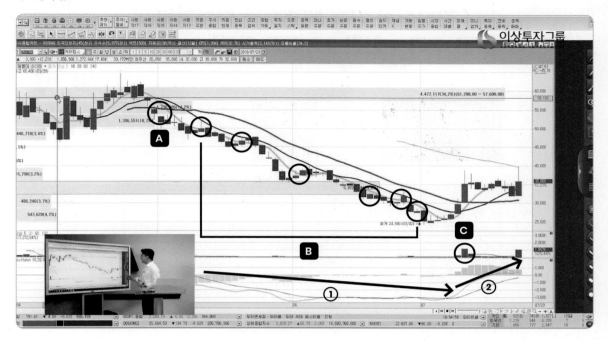

20일 이동평균선을 깨면(A) 역배열 초기가 시작되는 것이기 때문에 절대 매수하면 안 됩니다. 역배열 초기에 양봉(B)이 반짝 나오면 매수하는 경우가 많습니다. 주가가 20일 이동평균선 밑에 있다면 절대 매수해서는 안 되고, 20일 이동평균선 밑이더라도 역배열의 말기를 확인한 자리라면 예외인 것이죠. 실질적인 매수는 거래량이 올라오는 자리에서 매수해야 합니다. MACD보조지표가 계속 빠지다가(①) 상승하는 지점(②)을 보면, 이때 거래량이 늘고(C), 주가가 상승하는 것을 확인할 수 있죠.

★ 챕터 포인트 ✓

① 정배열 초기에 매수하면 좋지만, 정배열 후기에 거래량이 터진다면 반드시 매도해야 합니다.

② 역배열 말기로 생각될 때는 말기가 맞는지 반드시 확인해야 합니다.

③ 역배열 말기 중에서도 끄트머리에 매수해야 정배열 초기로 이어지면서 상승합니다.

④ 리스크가 부담스럽다면 역배열 말기를 확인만 하고, 정배열 초기에 매수합니다.

⑤ 만약 역배열 말기라고 생각했는데 전저점을 하향 이탈한다면 즉시 손절합니다.

챕터 27.

단타 전문가가 가장 애용하는 단타기법 공개! 수익 + 안전 2가지가 완벽!

유튜브
연결하기

QR코드로 영상 보는 법 p.11을 참고!

하락장에서 신규 종목을 꼭 매수하고 싶다면 어떻게 해야 할까요? 다음 날까지 보유하는 오버나잇(Over-night)보다는 데이트레이딩 관점으로 접근하는 것이 좋습니다. 오늘은 하락장에서 어떻게 하면 데이트레이딩을 조금 더 안정적으로 할 수 있는지 팁을 드리려고 합니다. 차트를 어떻게 설정하고, 언제 매수, 매도하는지 모두 공개하겠습니다.

김길성
이상투자그룹
현) 수석 전문가

▶ 단타매매에서 데이트레이딩이 뭔가요? ⏱ **3분 36초**에서 바로 확인

오늘 사서, 오늘 수익을 내기 때문에 개인투자자분들이 상당히 좋아하시죠.
하지만 오늘 사서, 오늘 손실도 볼 수 있는 게 데이트레이딩입니다.

데이트레이딩(Day Trading)은 당일매수, 당일매도하는 매매법입니다. 데이트레이딩은 하루 안에 거래가 이뤄지기 때문에 수익을 실현하는 기간이 매우 짧다는 장점이 있습니다. 이는 반대로 손실도 빠르다는 의미인 것이죠. 목표가를 높게 잡을 수 없고, 수익의 크기도 작습니다.

거래량의 첫 번째 봉이 장대양봉이고, **눌림목**이 나타났을 때 매수하더라도 수익은 높아야 10 ~ 20% 수준입니다. 물론 음봉에서 잡아서 수익을 내면 그 이상도 가능하지만 이는 사실상 어렵습니다.

▶ 수익과 안전, 두 마리 토끼를 잡는 단타기법 1. ⏱12분 2초에서 바로 확인

첫 번째 단타기법은 차트를 30분봉으로 설정하고, 그날의 첫 번째 또는 두 번째 캔들을 주의 깊게 살펴봅니다. 만약 이 30분봉이 장대양봉이거나 거래량이 실린 봉이라면 관심주가 됩니다. **30분봉이 장대양봉으로 나오면 매수세가 매도세보다 장 초반에 강하게 들어온다는 것이죠.** 이러한 경우에는 수급이 들어올 요소가 있기 때문에 주가가 상승할 가능성이 높습니다.

그렇다면 왜 30분봉으로 설정할까요? 장 초반에는 갭(Gap)이 발생할 수 있습니다. 갭이 떠서 시작하면 전일보다 장 초반에 주가가 상승했다는 의미죠. 따라서 전날 매수물량이 차익 실현을 위해 매도물량이 되어 나올 수밖에 없습니다. 이 때문에 눌림목이 발생합니다. 장이 시작되고 30분이면 그날의 흐름을 파악할 수 있습니다. **30분봉을 사용하면 단기 조정(단기 차익 실현 물량 출회)에 대비하고, 속임수 신호를 사전에 차단할 수 있습니다.**

알아두기

눌림목: 상승세를 보이던 주가가 수급 등의 요인으로 인해 일시적으로 하락세를 보이는 것을 말합니다.

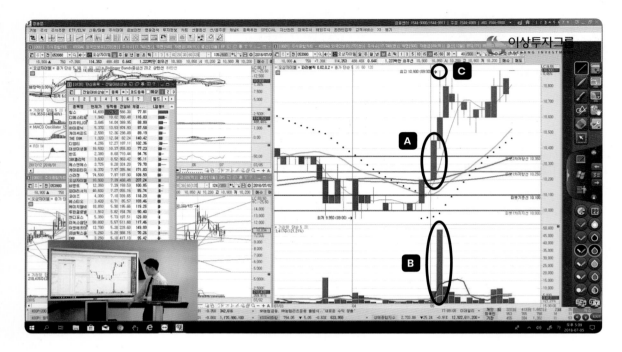

이번에는 오상자이엘 차트를 보면서 자세히 설명드리겠습니다.

① 매수시점 1
우선 30분봉과 피봇을 설정합니다. 피봇은 장 중에 저항이나 지지 구간을 잡아 주는 역할을 합니다. 1차 저항선이나 2차 저항선을 한 번에 돌파하는 30분봉을 주목해야 합니다. 차트를 보면 30분봉(A)이 1 ~ 2차 저항선을 한 번에 돌파했으며, 적지 않은 거래량을 보여주고 있죠.

일봉 차트를 참고하더라도 30분도 되지 않은 상태에서 전일 거래량 대비 50%의 거래량을 보여주고 있습니다. 이는 앞으로 거래량이 늘어날 가능성을 의미합니다. 따라서 **30분봉이 1차 또는 2차 저항선을 돌파하고, 거래량이 늘어나는 초입에서 매수하는 것이 좋습니다.**

② 매수시점 2

또 다른 매수시점은 언제일까요? 거래량이 순간적으로 급등했다가 소멸되면 눌림목이 나타납니다. **눌림목에서 주가가 2차 저항선에 지지를 받아 반등하고, 거래량이 다시 늘어나기 시작하는 지점이 바로 맥점**입니다. 이때는 무조건 매수해야 하는 것이죠. 지지를 받는 2차 저항선을 정확한 가격을 설정하기보다 가격대(가격 구간)로 설정하는 것이 좋습니다.

만약 그 가격대에 오지 않으면 매수하지 않으면 되는 것이죠. 어떤 경우든 거래량이 급증한 후에 들어가면 빠져나오려는 매도물량에 의해 물릴 수 있으니 조심하셔야 합니다.

③ 매도시점

거래량이 급작스럽게 올라가면 매도 관점으로 접근하는 것이 좋습니다. 차트를 보면 거래량이 급증(B)하면서 주가는 고점(C)을 찍었지만 더 이상의 추가 상승은 나오지 않죠. 이 때가 바로 매도 타이밍입니다.

▶️ 수익과 안전, 두 마리 토끼를 잡는 단타기법 3. ⏱️19분 20초에서 바로 확인

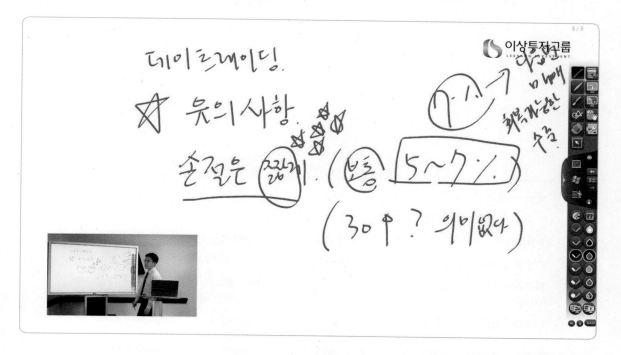

데이트레이딩은 손절을 짧게 잡는 것이 제일 중요합니다. 보통 손절은 매수가 대비 5~7%로 잡습니다. 5~7%는 다음 매매를 통해 회복이 가능한 수준이기 때문이죠. 거래량이 터졌을 때 매수하지만 않는다면, 크게 잃지는 않을 것입니다.

주가가 2차 저항선 위에 있다면 피봇의 5개 선과 이동평균선이 지지선 역할을 합니다. 잃더라도 밑에서 받쳐주는 지지선들이 많은 것이죠. 따라서 손절을 짧게 잡고, 지지를 받는지 확인하며 거래한다면 하락장에서도 안정적인 주식투자를 할 수 있습니다.

★ 챕터 포인트 ✓

① 데이트레이딩은 손절을 짧게 잡는 것(매수가 대비 5~7%)이 제일 중요합니다.

② 30분봉을 사용하면 장 초반 단기 눌림에 대비하고, 속임수 신호를 사전에 차단할 수 있습니다.

③ 30분봉이 1차 또는 2차 저항선을 돌파하고, 거래량이 늘어나는 초입과 눌림목에서 주가가 2차 저항선에 지지를 받아 반등하고, 거래량이 다시 늘어나기 시작하는 지점이 매수 포인트입니다.

④ 거래량이 급작스럽게 올라가면 매도 관점으로 접근하는 것이 좋습니다.

챕터 28.
단타 필수! 주식 고수가 사용하는 나만의 "시스템 트레이딩"

유튜브 연결하기

QR코드로 영상 보는 법 p.11을 참고!

오늘은 여러분께 제가 여태껏 숨겨왔던 비기를 공개하려 합니다. 그것은 바로 시스템 트레이딩! 주식을 하면서 하루 종일 컴퓨터나 핸드폰만 보고 있을 수 없습니다. 그래서 내 종목의 주가가 상승하고 있는지, 하락하고 있는지 늘 궁금하고 불안하죠. 시스템 트레이딩은 자동알람과 자동매매가 되기 때문에 더 이상 컴퓨터나 핸드폰만 쳐다보고 있지 않아도 됩니다! 게다가 노하우가 결집된 비기까지 공개하니 주목하세요!

이상우
이상투자그룹
현) 수석 전문가

▶ **시스템 트레이딩에 대해 알아보자!** ⏱ 1분 40초에서 바로 확인

시스템 트레이딩은 투자자가 설정한 조건에 부합하는 매매 타이밍을 자동으로 잡아 주고, 매매까지 해주는 **기능입니다.** 설정한 조건에 충족되는 경우에 매매신호가 HTS 상에 표시됩니다. 이때 알람을 설정할 수 있을 뿐만 아니라 자동매매 기능도 있어 **실시간 대응이 어려운 투자자에게 유용**하죠. 차트를 보며 시스템 트레이딩에 대해 더 자세히 알아보도록 하겠습니다.

① 초록뱀

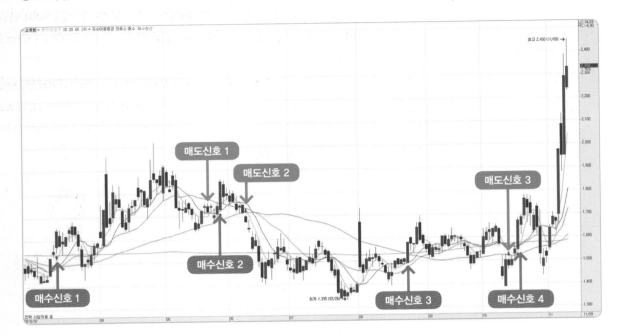

HTS 상에 표시된 빨간색 화살표는 매수신호, 파란색 화살표는 매도신호입니다. 매수신호와 매도신호가 교차돼서 나타나는 것이 보이나요? **시스템 트레이딩은 완벽한 매매 방법이 아니기 때문에 모든 경우에 수익을 내는 것은 아닙니다. 하지만 매수신호와 매도신호를 잘 지킨다면 손해는 최소, 수익은 크게 낼 수 있죠.** 매수신호 1에서 매도신호 1까지의 상승폭이 크게 나타나며, 매수신호 4는 나타났지만 매도신호 4는 아직 나타나지 않았기 때문에 주가가 더욱 상승하리라 예상됩니다. 매매신호 2와 3은 큰 수익이 없지만 손해 또한 없거나 미미한 정도죠.

② 디피씨

위 차트에서도 매수신호 1과 매도신호 1을 잘 따랐다면 큰 수익을 낼 수 있겠습니다. 물론 고점에서 매도했다면 더 큰 수익을 냈겠지만 매매신호에 의해 얻은 수익의 크기도 작지 않죠. 이후 두 번의 매수 · 매도신호가 나타나고, 매수신호 4가 나옵니다. 이후 주가는 폭등하지만 아직 매도신호 4는 안 나온 상태죠. 만약 시스템 트레이딩으로 매매신호를 받지 않았다면 많은 투자자가 A 지점에서 매도했을 것입니다. 만약 시스템 트레이딩을 이용했다면 매도신호 4가 안 나왔기 때문에 A 지점에서 홀딩하여 배 이상의 수익을 낼 수 있었을 것입니다. 약 1년간의 디피씨 차트를 보면 매매신호는 각각 4번 정도 나타납니다. 매매신호가 발생하는 횟수는 적지만 평균 수익률은 높은 것을 알 수 있죠.

▶ 시스템 트레이딩 기본 설정 방법 배우기 ⏱11분 1초에서 바로 확인

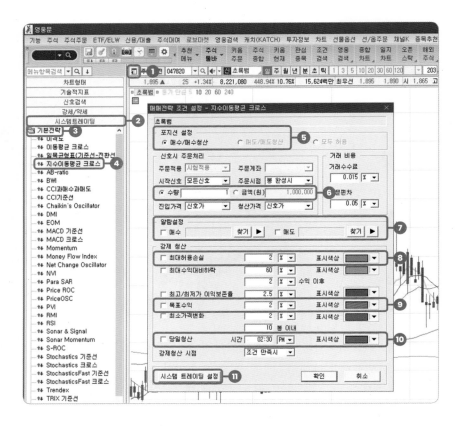

시스템 트레이딩은 기본값이 설정되어 있습니다. 우선 키움증권의 HTS인 영웅문을 기준으로 시스템 트레이딩을 설정하는 방법부터 알려드리겠습니다.

상단 메뉴바에서 '좌측메뉴 보이기/숨기기' 버튼(①)을 클릭합니다. 좌측에 메뉴에서 '시스템트레이딩(②)', '기본전략(③)', '지수이동평균 크로스(④)'를 차례로 선택하면 설정창이 나타납니다.

설정창에서는 매수와 매도를 각각 설정(⑤)할 수 있고, 매매 단위를 수량과 금액 중에서도 선택(⑥)할 수 있습니다. 위에서도 잠깐 언급한 것처럼 시스템 트레이딩에는 알람기능이 있습니다. 매수나 매도가 이뤄질 때 각각 알람 설정(⑦)을 할 수 있는 것이죠. 만약 설정한 조건에서 신호만 받고 싶다면 매매 단위(⑥)에서 수량이나 금액을 0으로 입력하면 됩니다. 그러면 설정한 조건에 부합할 경우, 실제 매매는 이뤄지지 않지만 알람은 받을 수 있습니다.

강제청산은 말 그대로 설정한 조건을 만족하면 강제적으로 청산이 되기 때문에 단타매매를 하거나 주가를 수시로 확인할 수 없는 상황에서 유용합니다. '최대허용손실(⑧)'은 쉽게 말해 손절을 설정한다고 생각하면 됩니다. 설정한 값으로 주가가 떨어지면 매도가 이뤄지는 기능이죠. 반대로 '목표수익(⑨)'을 설정하면 설정한 목표값에서 매도가 이뤄집니다. '당일청산(⑩)'은 설정한 시간에 자동으로 매도가 이뤄지기 때문에 **데이트레이딩**이나 **스캘핑**을 하는 분들에게 유용합니다. 강제청산 시점은 '조건 만족시'와 '봉 완성시'가 있는데 '봉 완성시'가 조금 더 빠르다고 볼 수 있습니다.

이로써 기본적인 시스템 트레이딩 설정은 끝입니다. 제가 비기를 공개한다고 말씀드렸죠? '확인'을 누르기 전에 하나의 단계가 남았습니다. 바로 '시스템 트레이딩 설정(⑪)'에서 설정값을 변경하는 것입니다.

▶ 드디어 공개! 시스템 트레이딩 비기를 전수받자! ⏱ 20분 20초에서 바로 확인

'시스템 트레이딩 설정'을 클릭하면, 창이 하나 뜹니다. '수식' 탭을 클릭하면 '매수진입' 탭에 'CrossUp(eavg (C,MA1),eavg(C,MA2))'라고 적혀 있죠. 'CrossUp'는 **골든크로스**를, 'eavg'는 **지수 이동평균선**을 뜻합니다. 따라서 첫 번째 지수 이동평균선과 두 번째 지수 이동평균선의 골든크로스를 찾아낸다는 것입니다.

알아두기

데이트레이딩: 주가나 거래량 등의 기술적 지표에 의해 시세차익을 얻는 단타매매기법으로 당일매수, 당일매도를 원칙으로 합니다.

스캘핑: 가장 단기적인 투자방법으로 초 단위, 분 단위로 하루에도 수십 번씩 매매하여 단기적인 매매차익을 얻는 기법입니다.

골든크로스: 단기선이 중기선을 위로 뚫고 올라가는 것으로 대개 주가 상승을 예측하여 매수신호로 해석됩니다.

지수 이동평균선: 최근 주가에 더 많은 가중치를 주는 방법으로 단순 이동평균선보다 최근 이슈를 더 잘 반영한다는 장점이 있습니다.

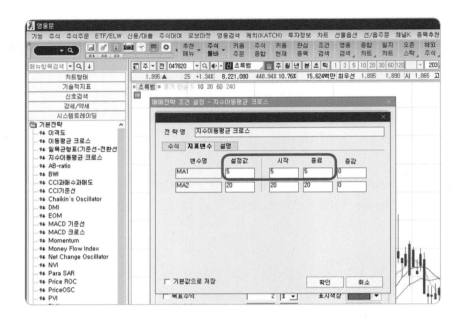

정말 중요한 것은 '지표변수' 탭에서 설정값을 변경하는 것입니다. 기본 설정값을 그대로 사용하면, 매매신호가 너무 자주 발생할 뿐만 아니라 수익률이 낮은 신호가 많습니다. 그렇다면 설정값을 얼마로 바꿔야 할까요? MA1 '설정값', '시작', '종료'의 값이 모두 5로 되어 있습니다. **이를 모두 19나 17로 바꾸는 것입니다! 투자 관점을 길게 보는 경우에는 19, 짧게 보는 경우에는 17로 설정**하면 되고, 저는 19로 설정하는 것을 추천 드립니다. 물론 이 매매신호 하나만으로 완벽한 수익을 창출할 수는 없습니다. **주가가 20일 이동평균선을 상향 돌파하는지, 다양한 보조지표에서도 매수신호가 나타나는지를 함께 확인한다면 더욱 가능성 높은 투자를 할 수 있습니다!**

★ **챕터 포인트** ✓

① 시스템 트레이딩은 투자자가 설정한 조건에 부합하는 매매 타이밍을 자동으로 잡아 주고, 매매까지 해주는 기능으로 실시간 대응이 어려운 분들에게 유용합니다.

② '지표변수' 탭에서 MA1 '설정값', '시작', '종료'의 값을 모두 19로 변경합니다.

③ 투자 관점을 길게 보는 경우에는 19, 짧게 보는 경우에는 17로 설정 가능하지만 19로 변경하는 것을 추천합니다.

④ 시스템 트레이딩 매매법이 완벽한 것은 아니기 때문에 참고하는 정도로 활용하기 바랍니다. 20일 이동평균선, 다른 보조지표와 함께 사용하면 수익 실현의 확률을 높일 수 있을 것입니다.

개미들을 위한 주식 격언

"사고 싶은 약세, 팔고 싶은 강세."

시장이 하락세가 진행되고 있으면 소극적으로 접근하고, 상승세로 접어들면 적극적으로 접근하는 것이 매매의 기본이다. 수익을 극대화하기 위해선 약세장에서는 현금을 보유한 상태에서 단기투자 위주로 접근하며, 장기투자는 가급적 피해야 한다. 반면, 강세장에서는 적극적인 투자로 주식 보유량을 늘리며, 상승추세가 꺾이기 전까지 수익 극대화에 집중해야 한다.

"날카로운 경계심으로 무장해야 한다."

주식은 날카로운 경계심으로 무장하지 않으면 언제 손해를 볼지 모른다. 가장 중요한 것은 손실을 방관해서는 안 되며, 수익이 두세 배 늘어났을 때는 투자금을 더 이상 늘려서는 안 된다. 초보 투자자가 약간의 수익을 실현한 후에 큰 실수를 범하는 이유가 경계심이 없기 때문이다. 성공에 대한 막연한 기대보다는 실패를 염두하며, 항상 날카로운 경계심을 가져야 한다.

"매는 맞기 직전이 가장 두렵다."

큰 악재를 앞두고 불확실성이 고조될 때의 불안한 투자심리를 의미한다. 매를 맞기 직전이 가장 두렵고, 막상 매를 맞으면 통증은 있을지언정 매에 대한 두려움은 많이 사라지는 심리와 비교된다.

"바퀴벌레 한 마리를 조심해야 한다."

집에서 바퀴벌레 한 마리가 발견됐다면, 분명 보이지 않는 곳에 많은 바퀴벌레가 숨어 있다. 이처럼 바퀴벌레 이론의 기본은 대표적인 기업의 실적 발표는 해당 업종의 단기 전망과 직결되는 경우가 많다는 것이다. 기업의 부도나 외부감사 회계법인의 부정적인 감사의견, 대주주의 모럴해저드 등 문제가 발생하면 시장에 악영향을 미칠 수밖에 없다.

"팔고 나서 올라도 애통해 하지 말아야 한다."

주식을 팔았는데 주가가 오르면 일반적으로 투자자는 몹시 아쉬워한다. 때로는 팔고 나서 주가가 오르는 것이 아까워 제때 매도하지 못하는 투자도 많다. 주식을 고점에서 파는 소수를 제외하고는 매도한 뒤에 주가가 더 오르는 것이 일반적이다. 팔고 나서 오르더라도 이미 끝난 일은 잊어야 한다.

8일 차

Chapter 29.
전문가가 직접 만든 추세매매 기준지표 대공개! 최고의 안전기법

- 추세추종형 매매 시 이것만은 유의하세요
- 이동평균선을 변형한 매매기법 공개!
- 차트를 보며 자세히 배워봅시다
- 추세매매기법의 단점을 보완해 줄 보조지표는 무엇일까요?

학습 난이도 ★★☆☆☆

Chapter 30.
1000% 폭등기법 돌파매매 총정리! 3가지 완벽히 익히고 고수로 성공하는 법

- 돌파매매의 전제조건은?
- 포인트 1. 거래량 폭증을 눈여겨보는 것이 시작이다!
- 포인트 2. 재료와 뉴스를 확인하라!
- 돌파매매, 어떻게 하는 건가요?
- 실전! 차트 분석하기!
- 포인트 3. 호가창을 확인하라!

학습 난이도 ★★☆☆☆

Chapter 31.
15분만 보면 500% 돈 버는 주식 고수의 숨겨진 비법은?

- ▶ N자형 매매기법이 뭔가요?
- ▶ 차트에서 N자형 패턴의 초기 모델을 살펴봅시다!

학습 난이도 ★★☆☆☆

Chapter 32.
주식 고수의 N자형 매매기법은? 주식 고수의 비법 2탄!
+ 콕기법, 역망치, 20일선 활용 매매법

- ▶ 콕기법이 무엇인가요?
- ▶ N자형 모델 + 콕기법을 활용하는 방법
- ▶ N자형 모델 + 20일선을 활용하는 방법 1
- ▶ N자형 모델 + E자형 매매를 활용하는 방법
- ▶ N자형 모델 + 20일선을 활용하는 방법 2
- ▶ N자형 모델 + 20일선 + 역망치 캔들을 활용하는 방법

학습 난이도 ★★★★☆

챕터 29.

전문가가 직접 만든 추세매매 기준지표 대공개! 최고의 안전기법

유 튜 브 연결하기

QR코드로 영상 보는 법 p.11을 참고!

개인투자자분들이 하는 추세매매는 사실상 추세매매가 아닌 경우가 많습니다. 비추세 장세에서 손실을 최소화하고, 추세 장세에서 손실을 극대화하는 것이 추세매매입니다. 추세를 끝까지 가져가야 하는 것이죠. 이를 위해서는 기준점 설정이 중요합니다. 오늘은 추세추종형 매매를 하는 법에 대해 알려드리겠습니다. 그리고 제가 직접 만든 추세매매기법까지 공개할 예정이니 집중해 주세요!

김길성
이상투자그룹
현) 수석 전문가

▶ 추세추종형 매매 시 이것만은 유의하세요 ⏱ 2분 34초에서 바로 확인

① 추세추종형 매매에 대한 올바른 이해

많은 개인투자자분들이 추세추종형 매매에 대해서 잘못 이해하고 있습니다. 전체 시장에서 추세가 발생할 확률은 약 30% 정도입니다. 나머지 70%는 비추세 시장이라고 할 수 있죠. 추세가 발생했을 때만 매매를 하는 게 안정적입니다. 상승추세가 발생하면, 매수 시점을 잘 잡았을지라도 다시 주가가 빠지진 않을까라는 생각에 대부분의 개인투자자는 수익을 급하게 실현하는 경향을 보입니다. 추세추종형 매매는 추세를 끝까지 가져가 수익을 극대화하는 전략으로 접근해야 합니다.

② 추세매매 시 유의사항

추세매매 시 유의사항은 수익은 극대화 & 손실은 최소화, 추세가 발생했을 때에는 기준점을 가지고 매매하는 것입니다. 많은 개인투자자분들이 기준점 없이 매매를 합니다. 매수시점이나 매도시점의 정확한 기준이 없기 때문에 오락가락하는 매매 형태를 보이는 것이죠. 앞서 배운 다양한 보조지표를 사용해 기준점을 설정해 보세요. **자신에게 잘 맞는 보조지표로 기준점을 세우면, 쉽게 매매 타이밍을 잡을 수 있습니다.**

① 변형된 이동평균선 및 이격도 설정

위 삼성전기 차트를 보겠습니다. 고가 이동평균선(빨간색 선)과 저가 이동평균선(파란색 선)은 이동평균선을 변형하여 직접 만든 지표입니다. **고가 이동평균선은 최근 20일 동안의 고가를 평균한 값을 선이고, 저가 이동평균선은 최근 20일 동안의 저가를 평균한 값을 이은 선입니다.**

왜 변형된 이동평균선을 사용할까요? 일반적인 종가 기준의 이동평균선은 각 봉의 종가를 기준으로 합니다. 하지만 보통 저항은 전고점, 지지는 전저점 부근에서 형성되는 경향이 있죠. 그렇기 때문에 **고가와 저가의 이동평균을 이용하여 지지와 저항을 설정하는 것이 더 합리적**입니다.

하단의 보조지표는 20 이격도 지표이며, 5 이격도로도 사용 가능합니다. **이격도**의 값이 지나치게 높으면 매수를 자제할 필요가 있고, 단기적으로 보유 비중을 축소할 수 있습니다. 이격도 지표를 같이 활용하면 더욱 확률 높은 트레이딩이 가능합니다.

알아두기

이격도: 주가가 이동평균값으로부터 어느 정도 차이가 있는가를 나타내는 지표입니다.

② 매매법 활용하기

현재가가 고가 이동평균선을 상향 돌파하면 추세가 발생했다는 신호입니다. 그리고 다음 날 시가 또는 **현재가가 고가 이동평균선 위에 있다면, 매수시점으로 판단**할 수 있습니다.

그러면 언제까지 홀딩하고, 언제 매도해야 할까요? 일반적으로 저항선을 돌파한 이후 저항선이 지지선으로 전환된다는 이론이 많습니다. 하지만 이 매매법의 경우에는 상승추세 중 고가 이동평균선이 저항에서 지지로 전환되는 것이 아니라 저가 이동평균선이 계속 지지라인으로 설정됩니다.

고가 이동평균선을 하향 이탈하게 되면 일차적으로 비중의 절반을 축소해야 합니다. 나머지 비중은 저가 이동평균선에서 지지를 받는다면 홀딩하지만, 저가 이동평균선을 하향 이탈한다면 최종 매도합니다.

▶ **차트를 보며 자세히 배워봅시다** ⏱ 8분 28초에서 바로 확인

위 차트에서 추세가 발생했을 때, 최초 매수합니다. 주가가 고가 이동평균선을 하향 이탈하는 1차 매도 시점에서 비중을 절반으로 축소하고, 저가 이동평균선까지 이탈하지는 않았으므로 나머지는 홀딩합니다. 다시 고가 이동평균선을 상향 돌파하면 이전에 축소했던 절반의 비중을 매수하여 다시 한 번 추세를 탑니다.

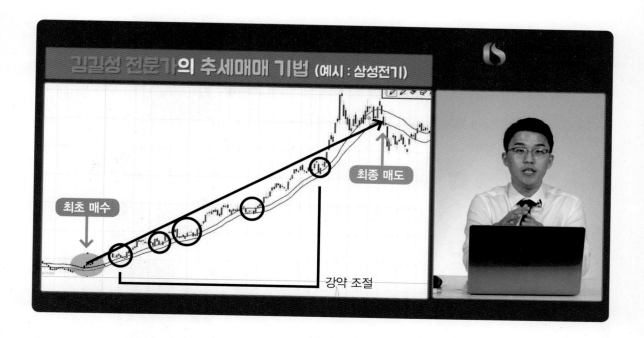

저가 이동평균선을 하향 이탈한다면 최종 매도하고 빠져 나와야 합니다. 이처럼 **비중축소와 비중확대의 강약 조절**만 잘해도 상승추세를 끝까지 가져가 수익을 극대화할 수 있는 것이죠. 이 매매기법은 **박스권**이나 비추세 장세에서도 **효과**가 있습니다. 추세장에 비해 수익이 작지만 박스권 장세에서도 손실은 최소화하며, 수익을 내는 것이 가능하죠.

알아 두기

박스권: 주가가 일정한 가격구간(지지선과 저항선 사이) 안에서만 지속적으로 움직이는 상태를 말합니다.

▶ **추세매매기법의 단점을 보완해 줄 보조지표는 무엇일까요?** ⏱11분 52초에서 바로 확인

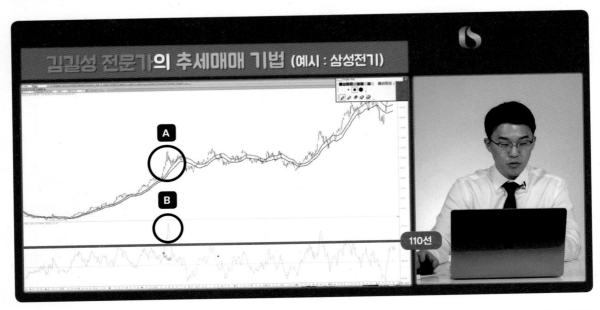

이 기법에도 단점은 있습니다. 차트에서처럼 단기 급등(A)이 나타나면 실질적인 매도시점이나 목표가 시점을 잡을 수 없습니다. 이를 보완해 주는 것이 20 이격도 지표입니다. 이격도 지표를 사용함으로써 성공적인 투자의 확률을 더욱 높일 수 있는 것이죠.

만약 **단기적으로 매수시점이 나오고, 이격도가 110선 수준을 상향 돌파(B)하면, 비중을 축소하여 일차적으로 수익을 챙기는 것도 나쁘지 않습니다.** 이후에는 앞서 알려드린 기법으로 강약 조절을 한다면, 손실은 최소화, 수익은 극대화할 수 있을 것입니다.

> ★ **챕터 포인트** ✓
>
> ① 고가 이동평균선을 상향 돌파하면, 신규 매수 또는 비중확대를 합니다.
> ② 고가 이동평균선을 하향 이탈하면, 비중을 절반으로 축소합니다.
> ③ 저가 이동평균선을 하향 이탈하면, 나머지 절반을 최종 매도합니다.
> ④ 단기 급등 시에는 이격도 지표를 참고합니다.

챕터 30.

1000% 폭등기법 돌파매매 총정리!
3가지 완벽히 익히고 고수로 성공하는 법

유 튜 브
연결하기

QR코드로 영상 보는 법 p.11을 참고!

오늘은 돌파매매를 마스터하는 시간입니다! 여러분, 돌파라는 단어 좋아하시죠? 강한 돌파가 나오는 종목은 차트에 시세 분출이 나타납니다. 많은 책에서 돌파매매를 다루지만 거래량 하나로만 분석할 뿐입니다. 돌파매매는 그렇게 단순한 기법이 아닙니다! 지금부터 돌파매매를 낱낱이 살펴보도록 하겠습니다. 영상 중간에 3가지 포인트도 알려드리니 집중하세요!

이상우
이상투자그룹
현) 수석 전문가

▶ 돌파매매의 전제조건은? ⏱ 4분 4초에서 바로 확인

돌파매매의 전제조건은 대량 거래량이 터져야 합니다. 대량 거래량이란 기존 평균 거래량의 약 5~10배 이상의 거래량을 의미합니다. **대량 거래량이 터지면 매매를 준비해야 합니다.**

대량 거래량은 언제 터질까요? 세력은 보통 대량 거래량을 터트리기 2~3개월 전에 테스트 물량을 먼저 터트립니다. 테스트 물량을 통해 개인투자자의 반응을 살피는 것이죠. 보통 테스트물량을 터트린 후 2~3개월 후 대량 거래량이 발생하지만, 100% 예측 가능한 것은 아닙니다.

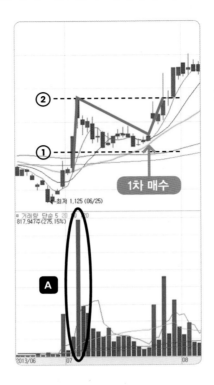

거래량 폭증(A)이 나왔으면 우선 지켜봅니다. 주가는 상승하다가 하락하게 되죠. 거래량이 폭증했을 때 매수한 단타 물량이 주가가 오르자 매도하면서 눌림이 발생하기 때문입니다. 단타 물량이 빠질 때까지 기다려야 하는 것이죠. 그게 언제일까요? 바로 50% 룰이 적용될 때까지입니다. 장대양봉이 나오면 눌림이 발생하는데 이때 장대양봉의 중간값(점선 ①)에서 지지를 받는 것이 50% 룰입니다.

눌림이 나오지만 50% 룰을 지키며 고가놀이가 나타납니다. 주가가 고가놀이를 하면서 내려오다가 20일 이동평균선(노란색 선)에서 지지받고 올라갈 때 매수해야 합니다. 이것이 첫 번째 돌파매매 포인트입니다.

전고점을 돌파할 때(점선 ②) 매수해야 돌파매매라고 생각하는 분이 분명 있을 것입니다. 우리는 최대의 수익을 창출하기 위해 저점에서 매수하는 것이죠. 그래서 첫 번째 돌파매매는 N자형으로 나타나는 것입니다.

▶ 포인트 2. 재료와 뉴스를 확인하라! ⏱11분 49초에서 바로 확인

돌파를 시작하는 시점에 보통 재료나 뉴스가 나옵니다. 개인투자자를 끌어들여 강한 모멘텀을 만들고, 돌파를 시도하는 것이죠. 예를 들어, 'ㅇㅇ기업이 해외사업을 유치하여 ㅇㅇ의 주가가 상승했다'는 내용의 뉴스를 본 적이 있죠? 돌파매매를 하기 위해선 어떤 재료나 뉴스로 돌파가 나오는지 확인해야 합니다. 그래야만 돌파가 언제까지 지속될지 알 수 있고, 수익을 최대로 끌어올릴 수 있는 것이죠.

▶ 돌파매매, 어떻게 하는 건가요? ⏱12분 50초에서 바로 확인

① 1차 돌파매매

위에서 첫 번째 매수의 시점을 알려드렸습니다. 그렇다면 매도는 언제 해야 할까요? 첫 번째 돌파매매는 저점에서 고점을 찍고 내려왔다가 50% 룰에 의해 반등하면서 돌파가 나왔습니다. 이때 **저점에서 고점까지의 상승폭(①)이 기준이 됩니다.** 전고점을 기준으로 위로 동일한 상승폭(②)이 되는 지점이 **1차 매도지점입니다.**

알아
두기

> 고가놀이: 주가가 오른 상태에서 출렁이는 것을 말하며, 보통 기간조정이라고 합니다. 기간조정이 단기성인 경우엔 3~5일, 중장기성은 7~10일, 장기성은 20일까지 될 수 있습니다.
> 재료: 주가를 움직이게 하는 구체적인 사건이나 정보(뉴스나 공시자료 등)를 말합니다.
> 모멘텀: 금일의 가격과 그전의 가격을 비교해서 주가 추세속도가 증가하는지, 감소하는지를 나타내는 말입니다.

② 2차 돌파매매

고점을 찍은 주가는 20일 이동평균선을 하향 이탈하여 점선 ②(첫 번째 전고점)까지 떨어집니다. 점선 ②에서 지지를 받고 반등하면서 2차 돌파가 나오는 것입니다. 따라서 **점선 ②의 지지를 받는 지점에서 2차 매수해야** 합니다.

주가가 2차 돌파를 시도하지만 **전고점을 뚫고 제대로 상승하지 못하기 때문에 2차 매도가 이뤄져야 합니다.** 이어서 주가는 하락하게 되죠. **다시 주가가 점선 ②에 지지를 받으면 매수하고, 만약 매수한 가격보다 내려가면 무조건 손절**해야 합니다.

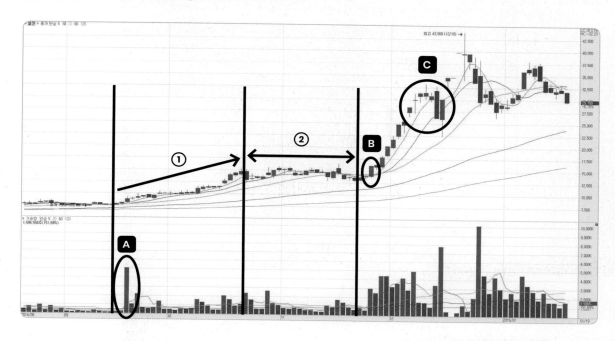

대량 거래량(A)이 나오면 매매를 준비합니다. 돌파하여 상승 중일 때(**화살표 ①**)는 매수하지 않습니다. 고가놀이(**화살표 ②**)가 나타났다가 20일 이동평균선의 지지를 받으면서 장대양봉(**①번 자리**)이 발생합니다. 이때가 매수시점입니다.

매수지점을 기준으로 대량 거래량이 발생한 지점부터 매수지점까지의 상승폭만큼 올라간 지점(B)이 매도지점입니다. 장대양봉이 나타나면서 주가가 요동쳐 불안하다면 일차적으로 매도해도 괜찮습니다.

푸른기술의 호가창입니다. 호가창을 확인할 때, 매수잔량과 매도잔량은 5~10배 정도로 극명하게 차이가 나는 것이 좋습니다. 매수잔량과 매도잔량 중에 무엇이 많아야 좋을까요? 매수하려는 사람이 많으면 주가가 오를 테니 매수잔량이 많아야 더 좋다고 생각하나요?

매도잔량이 많아야 상승추세로 예측할 수 있습니다. 상승추세라면 매도자는 더 높은 가격에서 팔려고 하기 때문에 매도잔량이 높은 가격에서 계속 쌓이는 것이죠. 반대로 하락추세라면 매수자는 더 싸게 사려고 하기 때문에 더 낮은 가격에서 매수잔량이 많아집니다.

★ **챕터 포인트** ✓

---

① 돌파매매를 할 때에는 거래량 폭증, 뉴스와 재료, 호가창을 꼭 확인하세요.

② 첫 번째 돌파매매는 N자형입니다. 거래량이 폭증하여 주가가 고가놀이를 하다가 20일 이동평균선에 지지를 받고 반등하면 매수합니다.

③ 저점에서부터 전고점까지의 상승폭만큼 전고점 위로 올라간 지점에서 매도합니다.

④ 다시 하락한 주가가 전고점에서 지지를 받고 반등한다면 2차 매수를 합니다.

15분만 보면 500%
돈 버는 주식 고수의 숨겨진 비법은?

유 튜 브
연결하기

QR코드로 영상 보는 법 **p.11**을 참고!

여러분들은 주식을 하는 이유가 무엇입니까? 우리는 돈을 벌기 위해 주식을 하며, 큰 기대감을 가지고 주식시장에 뛰어듭니다. 주변에 실제로 큰 수익을 내는 사람들도 있죠. 여러분들도 하실 수 있습니다! 오늘은 누구나 알고 있지만 아무나 사용할 수 없는 비법을 공개하고, 그 비법을 활용해 급등 타이밍을 잡아내는 법을 알려드리도록 하겠습니다.

이상우
이상투자그룹
현) 수석 전문가

▶ N자형 매매기법이 뭔가요? ⏱ 5분 14초에서 바로 확인

N자형 모델은 언제 가장 중요할까요? 급등주 끝자락보다는 급등주가 시작되는 시점에 나타나는 N자형이 중요합니다. 급등하기 직전에 나타나는 N자형 초기 모델을 발견하는 것이죠. **선취매**를 원하는 분들이라면 N자형 매매에 대해 꼭 알아야 합니다.

알아
두기

선취매: 호재 등의 요인에 의하여 주가가 상승할 것으로 예상되는 경우에 주가가 상승하기 전에 해당 주식을 미리 매입하는 것을 말합니다.

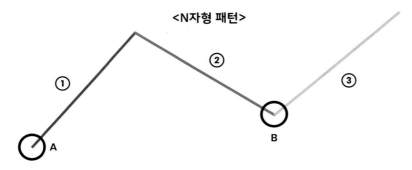

<N자형 패턴>

① ② ③

A B

N자형 패턴에서 파란색 선의 구간을 ①, 녹색 선의 구간을 ②, 노란색 선의 구간을 ③이라고 하겠습니다. ①과 ②의 길이는 같은 것이 좋을까요, 다른 것이 좋을까요? ①과 ②의 길이는 같은 것이 좋습니다. 원(A)와 원(B) 중 어떤 것이 높게 위치해야 좋을까요? 원(B)가 높게 위치한 것이 좋습니다.

N자형 패턴에서 저점을 높인다는 것은 세력이 저점에서 매수를 하고 있다는 반증입니다. 반대로 원(A)가 더 높다면 안 좋은 것이죠. ①과 ②의 길이가 같고, 원(A)보다 원(B)가 더 높게 위치한 N자형 패턴이 가장 기본적인 형태이며, 신뢰도가 높습니다.

▶ 차트에서 N자형 패턴의 초기 모델을 살펴봅시다! ⏱ 9분 9초에서 바로 확인

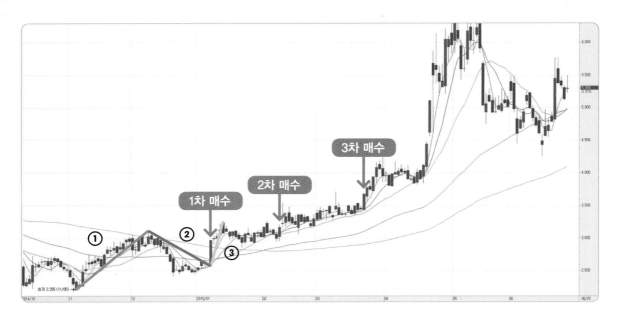

같은 형태의 N자라도 크기가 다를 수 있습니다. 이는 20일 이동평균선과의 **이격도**에 따라 진폭의 크기에서 차이가 발생하여 N자의 크기가 달라지는 것이죠. 진폭이 크면 힘을 다 썼다는 것이므로 더 올라갈 힘이 적고, 박스권 돌파가 어렵습니다.

따라서 **진폭이 큰 N자형은 무조건 단타매매**를 해야 합니다. 반대로 진폭이 작은 N자형은 힘이 응축되어 있기 때문에 급등할 가능성이 있습니다. 그래서 **같은 N자형 패턴이더라도 진폭의 크기에 따라 매매 전략이 많이 달라진다**는 점을 유의해야 합니다.

위 차트를 보면 N자형 패턴이 나타납니다. 파란색 선분 구간인 ①과 녹색 선분 구간인 ②의 길이가 비슷하고, N자형 패턴에서 전고점을 돌파하지 못하지만 하락하지 않고 유지됩니다. 무엇보다 N자형 패턴이 완성된 후에 주가가 20일선(노란색 선)을 하향 이탈하지 않았다는 것이 중요합니다. **20일선을 하향 이탈하는 것은** ②의 하락추세에서만 유일하게 좋습니다. 그래야 개인투자자들이 물량을 매도하고 빠져나가기 때문이죠.

내려갔던 주가가 20일선을 상향 돌파하면 매수해야 합니다. 적절한 매수 타이밍을 공개하겠습니다. 1차 매수는 ②와 ③이 만나는 저점으로 콕기법을 이용해 찾아낼 수 있습니다. 2차 매수는 주가가 20일선 위에 올라타는 지점, 3차 매수는 20일선 위에 장대양봉이 나오는 지점입니다.

★ **챕터 포인트** ✓

① N자형을 만드는 세 개의 선분의 길이가 비슷한 것이 좋습니다.
② N자형에서 저점을 높이며 우상향하는 패턴이 신뢰도가 높습니다.
③ 같은 N자형 패턴이더라도 진폭의 크기에 따라 매매전략이 달라집니다.
④ N자형 패턴에서 하락추세가 나타나면 매도하며, 이때는 주가가 20일 이동평균선을 하향 이탈하는 것이 좋습니다.
⑤ N자형 패턴에서에서 상향 돌파하면 매수합니다.

이격도: 주가가 이동평균값으로부터 어느 정도 차이가 있는가를 나타내는 지표입니다.

주식 고수의 N자형 매매기법은? 주식 고수의 비법 2탄! + 콕기법, 역망치, 20일선 활용 매매법

 유튜브
연결하기

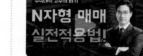

QR코드로 영상 보는 법 p.11을 참고!

챕터 30에서 돌파매매에 대해 배웠습니다. 주가가 전고점을 깨고 올라가 전고점에 지지하는 상태에서 장대봉이 나오면 매수 자리라고 말씀드렸었죠. 여기에 콕기법과 20일 이동평균선을 활용한 매매법을 좀 더 알려드릴 예정입니다. 앞서 배운 것을 바탕으로 N자형 매매의 기본 포인트를 이해하셨다면 이번 시간도 어렵지 않을 것입니다.

이상우
이상투자그룹
현) 수석 전문가

▶ 콕기법이 무엇인가요? ⏱ 1분 49초에서 바로 확인

압정을 생각해 보세요. 벽에 압정을 꽉 찌르면 어느 순간 더 들어가지 않습니다. 이미 다 들어갔기 때문이죠. 그 상태에서 더 힘을 주지 못하면 어떻게 되나요? 압정이 튕겨져 나옵니다. 주식도 비슷합니다. 주식은 파동이기 때문에 위에서 눌러도 주가가 어느 지점을 콕 찍고 더 이상 내려가지 않으며, 오히려 반동을 이용해 상승합니다. 그래서 콕기법인 것이죠.

콕기법은 N자형과 V자형 모델에서 주가의 최저점을 찾아내는 캔들 매매기법입니다. 주가가 최저점을 찍는 것을 하나의 캔들만으로 확인하는 것은 어렵고, N자형 매매와 함께 본다면 조금 더 신뢰도가 높습니다.

콕기법은 망치형 캔들이 나와야 합니다. 망치형 캔들은 몸통 밑으로 아래꼬리가 달린 형태로 압정과 비슷한 모양이죠. 보통 N자형 모델에서는 주가가 (가)에서 저점을 찍고, (가)보다 조금 높은 (나)에서 망치형 캔들(A)이 나타납니다.

위 CMG제약 차트를 보면, (가)와 (나) 사이에 갭(Gap)이 나타납니다. N자형 모델에서 (가)와 (나)에 갭이 나타나는 것은 무슨 의미일까요? 이는 단타로 수익난 사람들은 이미 주식을 다 팔았다는 것입니다. 매도할 사람은 다 팔았기 때문에 이제 주가는 올라갈 수밖에 없는 것이죠. 따라서 **(가)와 (나) 사이에 갭이 나타나면 주가는 더 많이 상승합니다.** 위 차트는 (나)에서 캔들(A)의 아래꼬리가 (가)의 저점 근처까지 내려갔지만 결국 갭을 만들었습니다. 이처럼 **(나)에서는 주가가 전저점을 하향 이탈하지 않는 것을 확인한 후에 매매**해야 하며, 갭이 발생한다면 더욱 좋습니다.

갭: 주가가 갑자기 급등하거나 급락하여 주가와 주가 사이의 빈 공간을 말합니다. 시가가 전날의 종가보다 높으면 상승 갭, 시가가 전날의 종가보다 낮으면 하락 갭이라고 합니다.

▶ N자형 모델 + 콕기법을 활용하는 방법 ⏱ 4분 35초에서 바로 확인

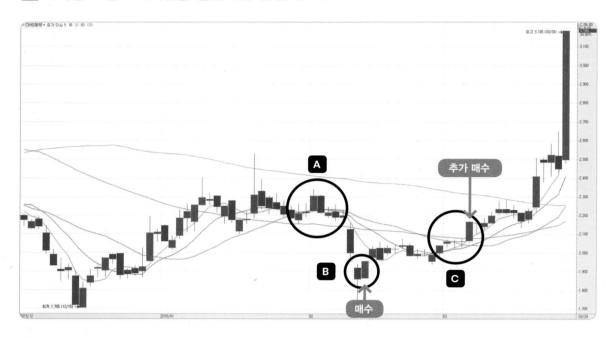

만약 저라면 이 종목을 어떻게 매매했을까요? **N자형 모델에서 주가가 20일 이동평균선을 깨고 내려가면(A) 관심 있게 지켜봅니다.** 망치형 캔들이 나왔을 때, 콕기법이 나타나는지 확인하는 것이죠. 망치형 캔들은 아래꼬리가 길수록 좋고, 음봉도 상관없지만 양봉이 신뢰도가 더 높습니다.

그렇다면 콕기법이 나온 망치형 캔들에서 매수하는 걸까요? 절대 아닙니다. **다음 날의 캔들이 망치형 캔들의 몸통 라인에서 지지를 받는지 확인(B)한 후에 매수하면 추가적으로 큰 반등이 나올 수 있습니다.** 만약 다음 날의 캔들이 망치형 캔들의 꼬리 부분까지 내려갔다면 매수해서는 안 되는 것이죠. 이후에 주가가 20일 **이동평균선을 돌파(C)하고 올라가면 더 상승할 가능성이 높기 때문에 추가 매수하여 비중을 높입니다.**

▶ N자형 모델 + 20일선을 활용하는 방법 1 ⏱ 6분 50초에서 바로 확인

엘비세미콘의 차트입니다. 앞 시간에도 말씀드렸듯이 **N자형 모델에서 (가)와 (나)의 위치가 같거나 (가)보다 (나)가 더 아래 있을 때는 매수하면 안 됩니다.** 만약 N자형 모델이 만들어지고 (나)에서 콕기법이 나타나 매수했다면 **20일 이동평균선을 하향 이탈할 때 매도**해야 합니다.

주가가 20일 이동평균선을 하향 이탈한 후에 지속적으로 하락하는 것을 확인할 수 있습니다. 다음에 볼 차트를 참고하면 주가가 오랜 시간 바닥권에 있는 것을 알 수 있죠. 따라서 매도시점을 놓쳐서는 안 됩니다.

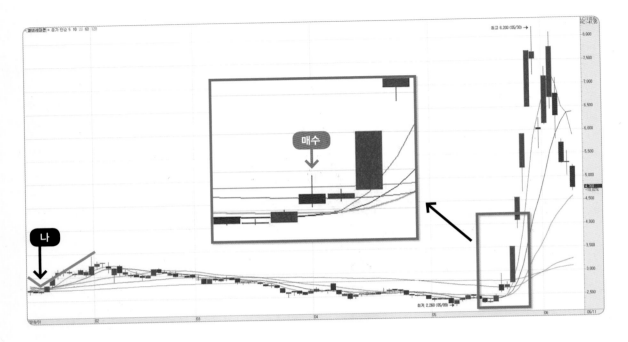

20일 이동평균선 밑에 있던 주가가 다시 20일 이동평균선을 상향 돌파하면 적극적으로 매수해야 합니다. 이 자리가 바로 급등주의 신호탄 자리이기 때문이죠. 이처럼 콕기법을 이용해 매수했더라도 **주가가 20일 이동평균선을 하향 이탈하는지, 상향 돌파하는지를 살펴보며 매매를 해야 합니다.**

▶ N자형 모델 + E자형 매매를 활용하는 방법 ⏱9분 27초에서 바로 확인

N자형 모델을 활용한 매수 방법을 배웠다면 이번에는 매도 방법에 대해 알아보겠습니다. 이 차트는 N자형 모델의 가장 중요한 포인트에 E자형 매매를 결합시킨 방법입니다. E자형 또는 3단 핑퐁 게임이라고도 볼 수 있죠.

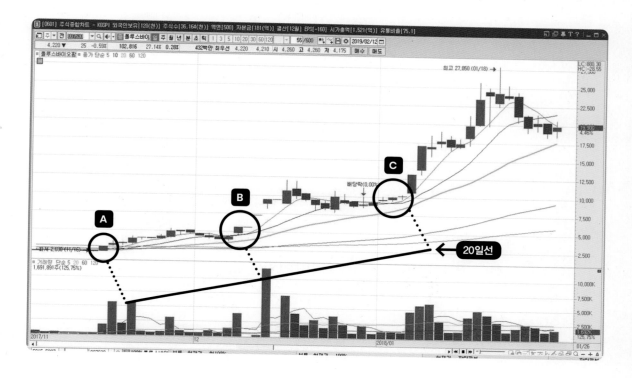

N자형 모델이 나오고, B 지점에서 콕기법이 나온 상태에서 20일 이동평균선에 지지를 받으며 주가가 올라가고 있습니다. A, B, C 세 번의 N자형 완성 모델이 끝나면 그때부터 매도로 임해야 합니다. 즉, C 지점에서 20일 이동평균선에 세 번째 지지가 끝나면 적극적인 매도로 임해야 하죠. 이유는 무엇일까요? **M자형 모델, 헤드 앤 숄더 등 대부분 기법의 논리가 세 번 천장을 찍으면 하락한다는 것**이기 때문입니다.

E자형 매매는 천장이 아니라 바닥이지만 **바닥도 세 번 찍으면 하락한다**는 것이죠. 중요한 것은 20일 이동평균선을 하향 이탈할 때까지 기다릴 수 없습니다. 따라서 **주가가 20일 이동평균선을 세 번 찍고 E자형 모델이 나온다면 이때부터 매도전략으로 접근해야 합니다.**

▶ N자형 모델 + 20일선을 활용하는 방법 2 ⏱️12분 15초에서 바로 확인

위 차트에서 N자형 모델의 콕기법이 나왔기 때문에 최초 매수합니다. 이후 주가가 상승하지만 전고점을 돌파하지 못했기 때문에 매도합니다. 주가는 하락하여 횡보하죠. 만약 매도하지 않았다면 **손절라인은 매수가를 기준으로 하며, 주가가 하향 이탈한다면 무조건 매도해야 합니다.** 그렇다면 2차 매수 시점은 어떻게 잡을까요? 주가가 20일 이동평균선에 올라타는 시점에 2차 매수해야 합니다. 이런 모습일 경우에 폭등주가 나오는 것입니다.

이제 앞에서 배운 모든 기법을 종합하여 확인해 보겠습니다. N자형 모델이 나왔고, 주가가 20일 이동평균선을 하향 이탈(A)했습니다. 이때부터 매수 타이밍을 잡기 위해 관심 있게 지켜보며 콕기법이 나오는지 확인합니다. 위 차트에서는 콕기법이 나오지 않았습니다. 그러나 이후 장대양봉(B)이 나오고, 이어서 역망치형 캔들(C)이 나왔습니다. 여기서 질문 하나! 역망치형 캔들은 꼬리가 긴 것이 좋을까요? 아닙니다. 꼬리가 짧고, 몸통이 긴 것이 좋습니다. 꼬리가 짧은 역망치형 캔들이 나오면 급등할 확률이 높다고 할 수 있습니다.

> ★ **챕터 포인트** ✅
>
> ① N자형 모델에서 주가가 20일선을 깨고 내려가면 망치형 캔들이 나오면서 콕기법이 나타나는지 관심 있게 지켜봅니다.
>
> ② 콕기법이 나오고, 다음 날의 캔들이 망치형 캔들의 몸통 라인에서 지지를 받는지 확인한 후에 매수합니다.
>
> ③ N자형 모델에서 두 개의 저점을 연결했을 때, 추세선이 횡보하거나 우하향할 때는 매수하면 안 됩니다.
>
> ④ 세 번의 N자형 완성 모델이 끝나면 그때부터는 매도로 임해야 합니다.

7일 차 | Chapter 26

- ▶ 정배열과 역배열을 알려면 이동평균선을 먼저 배워라?
- ▶ 정배열과 역배열의 차이는?
- ▶ 역배열매매는 어떻게 하는 것인가요?
- ▶ 역배열 말기를 확인하는 방법을 공개합니다!
- ▶ 실전! 차트로 확인해 봅시다!

7일 차 | Chapter 27

- ▶ 단타매매에서 데이트레이딩이 뭔가요?
- ▶ 수익과 안전, 두 마리 토끼를 잡는 단타기법 1.
- ▶ 수익과 안전, 두 마리 토끼를 잡는 단타기법 2.
- ▶ 수익과 안전, 두 마리 토끼를 잡는 단타기법 3.

7일 차 | Chapter 25

- ▶ 볼린저밴드의 원리 이해하기
- ▶ 볼린저밴드의 매매 활용법을 실전으로 배워봅시다!
- ▶ 볼린저밴드와 이동평균선을 이용한 단타매매 노하우 공개!

7일 차 | Chapter 28

- ▶ 시스템 트레이딩에 대해 알아보자!
- ▶ 시스템 트레이딩 기본 설정 방법 배우기
- ▶ 드디어 공개! 시스템 트레이딩 비기를 전수받자!

전체 영상
재생목록

14:55

8일 차 ▮ Chapter 29

- ▶ 추세추종형 매매 시 이것만은 유의하세요
- ▶ 이동평균선을 변형한 매매기법 공개!
- ▶ 차트를 보며 자세히 배워봅시다
- ▶ 추세매매기법의 단점을 보완해 줄 보조지표는 무엇일까요?

22:32

8일 차 ▮ Chapter 30

- ▶ 돌파매매의 전제조건은?
- ▶ 포인트 1. 거래량 폭증을 눈여겨 보는 것이 시작이다!
- ▶ 포인트 2. 재료와 뉴스를 확인하라!
- ▶ 돌파매매, 어떻게 하는 건가요?
- ▶ 실전! 차트 분석하기!
- ▶ 포인트 3. 호가창을 확인하라!

14:34

8일 차 ▮ Chapter 31

- ▶ N자형 매매기법이 뭔가요?
- ▶ 차트에서 N자형 패턴의 초기 모델을 살펴봅시다!

22:03

8일 차 ▮ Chapter 32

- ▶ 콕기법이 무엇인가요?
- ▶ N자형 모델 + 콕기법을 활용하는 방법
- ▶ N자형 모델 + 20일선을 활용하는 방법 1
- ▶ N자형 모델 + E자형 매매를 활용하는 방법
- ▶ N자형 모델 + 20일선을 활용하는 방법 2
- ▶ N자형 모델 + 20일선 + 역망치 캔들을 활용하는 방법

7~8 일차

9일 차

Chapter 33.
주식 잘하는 법 + 1000% 우량주 필살 기법! 급등할 우량주 종목 찾고 매매까지!

학습 난이도 ★★★☆☆

- 턴어라운드 한 기업의 주식은 무조건 우량주가 된다?
- 우량주 매매의 조건 1. 수급 동향!
- 우량주 매매의 조건 2. 차트!
- 우량주 매매의 조건 3. 거래량!
- 실전! 급등할 우량주 찾기

Chapter 34.
하락장에 공부하자! 단기간 100% 수익 내는 상한가 필살기 대공개 1탄

학습 난이도 ★★★☆☆

- 지피지기면 백전백승! 상한가의 종류부터 알자
- 상한가면 아무 상한가에나 진입해도 된다?
- 상한가를 공략하기 위해 지지라인을 분석하자!
- 상한가 2탄 맛보기! 상한가 매매법의 팁을 드립니다

Chapter 35.
공매도로 10분 만에 개인이 외국인보다 돈 많이 버는 법은?

- ▶ 공매도를 모르면 개미는 이길 수 없다
- ▶ 우리나라 공매도의 문제점은 무엇인가요?
- ▶ 공매도를 이용해 수익을 내는 전략!
- ▶ 차트로 보는 공매도와 숏 커버링!

학습 난이도 ★☆☆☆☆

Chapter 36.
급등주 잡는 매수 타이밍 포착 기법 1탄

- ▶ 당일평균선이 뭔가요?
- ▶ 3 - 130 기법의 자리를 찾아라!
- ▶ 3 - 130 기법의 매매 포인트를 공개합니다!

학습 난이도 ★★★☆☆

챕터 33.
주식 잘하는 법 + 1000% 우량주 필살 기법!
급등할 우량주 종목 찾고 매매까지!

이번 시간에는 급등할 우량주 종목을 찾는 방법에 대해 말씀드리겠습니다. 자금이 들어오는지 확인하는 방법과 종목 선정, 매매 방법까지 모두 공개하려 합니다. 이를 통해 급변하는 시장에서 우량주를 찾아 성공적인 매매를 할 수 있는 자신만의 매매기법을 완성하길 바랍니다!

이홍장
이상투자그룹
현) 수석 전문가

▶ 턴어라운드 한 기업의 주식은 무조건 우량주가 된다? ⊙ 1분 47초에서 바로 확인

우량주는 재무적 관점에서 건실하며 사업의 안정성, 성장성 면에서도 우수한 기업의 주식을 말합니다. 턴어라운드(Turn Around) 한 기업이 지속적으로 성장하면 우량주가 될 수 있는 것이죠. 그렇다면 턴어라운드 한 기업의 주식은 모두 우량주일까요?

턴어라운드 한 기업이더라도 단순히 재무제표만 보고 투자하면 낭패를 볼 수 있습니다. 턴어라운드 했더라도 바로 주가 상승으로 이어지는 경우는 적으며, 시간이 지나도 상승하지 않는 경우도 있죠.

알아
두기

턴어라운드: 흑자 전환, 업황 개선, 구조조정 등으로 수익성이 좋아져 기업실적이 크게 개선되는 것을 말합니다.
재무제표: 기업이 회계 연도가 끝나는 때에 경영 실적 및 재정 등 결산 보고를 위해 작성하는 여러 종류의 회계 보고서를 말합니다.

흑자전환 등의 뉴스에도 반짝 상승에 그치는 경우가 많기 때문에 지속적인 성장 가능성을 가진 기업을 찾는 것이 중요합니다. 기업이 지속적으로 실적을 낼 수 있는지, 숨은 호재나 이슈가 있는지를 파악할 필요가 있죠. **턴어라운드한 기업 중에서 주가 상승으로 이어지는 기업을 선별하고 투자해야만 수익을 낼 수 있습니다.**

▶ 우량주 매매의 조건 1. 수급 동향! ⏱ 3분 36초에서 바로 확인

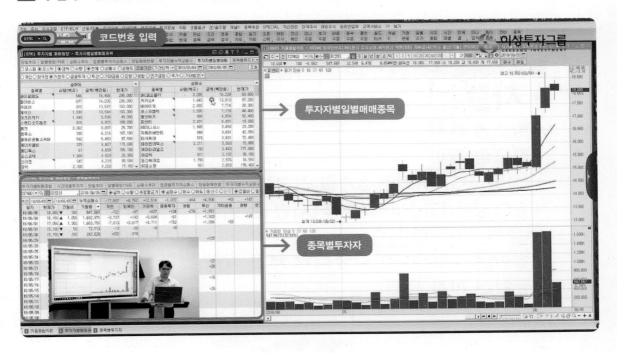

우량주 매매에서는 **수급** 동향을 파악하는 것이 중요합니다. 수급을 확인함으로써 자금의 유입을 파악하는 것이죠. **우량주는 외국인 투자자와 기관 투자자가 어떤 종목을 매수하는지 대량 매수세를 포착한 후에 종목을 선정**해야 합니다. 거대 자본이 유입되면 해당 종목은 급등할 가능성이 높기 때문입니다. 키움증권 HTS인 영웅문을 기준으로 수급 동향을 파악하는 방법을 알려드리겠습니다.

알아두기

수급: 수요와 공급의 줄임말로 주식시장에서는 매수와 매도를 총칭합니다. '수급이 좋다'는 표현은 해당 주식의 매수세가 좋다는 의미입니다.

① [0795]투자자별일별매매종목과 [0796]종목별투자자, [0600]종합차트 창을 실행합니다.

② 투자자별일별매매종목 창에서 코스피와 코스닥 종목 설정, 기간 설정, 외국인과 기관계 등을 선택하여 어떤 종목을 특히 많이 매수했고, 매도했는지 파악합니다.

③ 투자자별일별매매종목 창의 '순매수' 부분에서 상위 종목을 선택하고, 종목별투자자 창에서 해당 종목을 매집한 주체가 누구인지 면밀히 파악합니다.

④ 종합차트 창에서 차트를 분석하여 투자 종목을 선정합니다.

▶ **우량주 매매의 조건 2. 차트!** ⏱ **7분 51초**에서 바로 확인

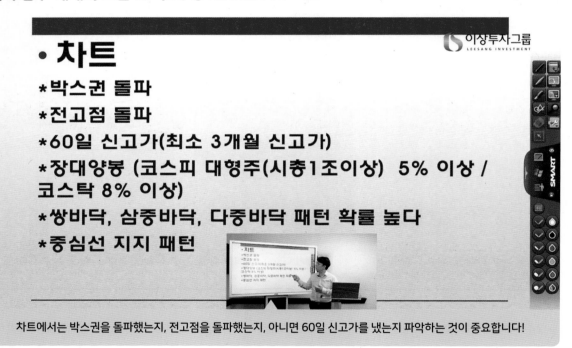

차트에서는 박스권을 돌파했는지, 전고점을 돌파했는지, 아니면 60일 신고가를 냈는지 파악하는 것이 중요합니다!

수급 동향을 파악했다면 차트를 활용하여 기술적 분석을 합니다. 차트상에서는 **전고점이나 박스권, 60일(3개월) 동안의 신고가를 돌파하는지 파악하는 것이 중요**합니다. 이러한 돌파는 새로운 고가를 형성하기

알아두기

신고가: 과거에 없었던 최고 가격을 말합니다. 신저가와 반대되는 개념입니다.

위해 시세를 분출하는 신호탄이라고 볼 수 있죠. 특히 주가가 N중바닥 패턴을 그리다가 장대양봉이 나오면서 박스권을 돌파하면 급등할 확률이 높습니다.

장대양봉이 왜 중요할까요? 외국인 투자자나 기관 투자자의 큰 자금이 투입되면 주가는 박스권을 강하게 돌파하거나 신고가를 경신합니다. 큰 자금이 들어온 흔적이 바로 장대양봉인 것이죠. **우량주 종목의 경우, 코스피 대형주(시가총액 1조 원 이상)는 종가 기준 5% 이상, 코스닥은 종가 기준 8% 이상의 장대양봉이 출현해야 상승추세를 강하게 이어갈 수 있습니다.** 만약 차트상에서 장대양봉이 나타나지 않는다면 종목 선정을 하지 않습니다.

▶ **우량주 매매의 조건 3. 거래량!** ⏱ **9분 52초**에서 바로 확인

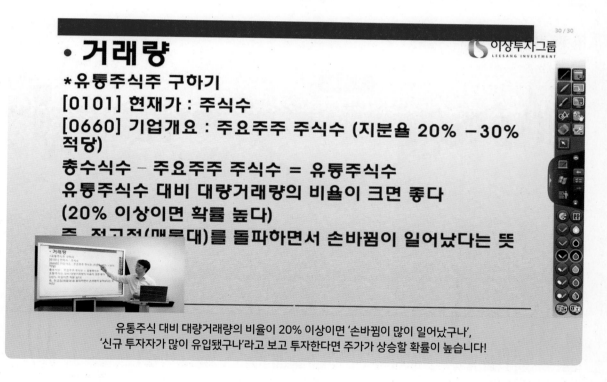

유통주식 대비 대량거래량의 비율이 20% 이상이면 '손바뀜이 많이 일어났구나', '신규 투자자가 많이 유입됐구나'라고 보고 투자한다면 주가가 상승할 확률이 높습니다!

우량주라면 대량 거래량이 터져야 합니다. 그렇다면 대량 거래량은 어떻게 판단할 수 있을까요? 유통주식 수가 그 판단의 기준이 됩니다.

유통주식수 = 총 주식수 - 주요주주 주식수(지분율 20~30% 수준)

유통주식수는 총 주식수에서 주요주주의 주식수를 제외한 실제 유통되는 주식의 수를 말합니다. 우선 HTS를 실행하고, [0101]현재가 창에서 '총 주식수'와 [0660]기업개요 창에서 '주요주주 주식수'를 파악합니다. 주요주주 주식수를 파악할 때는 지분율이 20~30% 정도인 것이 적당합니다. 이보다 높거나 낮으면 주가가 왜곡될 가능성이 있기 때문이죠. **유통주식수보다 대량 거래량의 비율이 클수록 좋고, 20% 이상 더 크다면 주가가 상승할 확률이 더욱 높습니다.**

▶ 실전! 급등할 우량주 찾기 ⏱ 11분 56초에서 바로 확인

① SKC코오롱PI

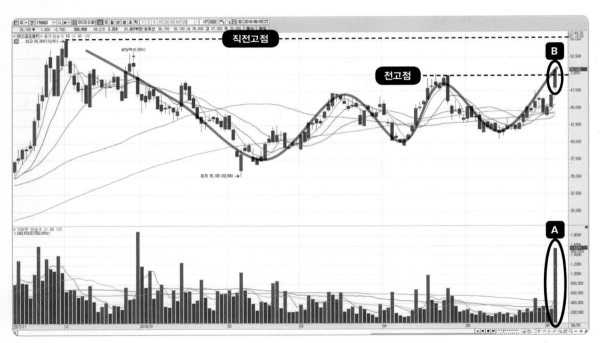

주가가 삼중바닥 패턴을 그리고 있으며, 대량 거래량(A)이 터지면서 전고점을 뚫는 8%의 장대양봉(B)이 나타납니다. 이때의 종목별투자자 창을 확인하면 외국인 투자자와 기관 투자자의 매수세가 강하게 유지되고 있음을 알 수 있습니다. 따라서 주가는 직전의 고점까지 상승할 가능성이 높습니다. 이론상으로 아주 좋은 조건을 갖춘 차트인 것이죠.

★ 삼중바닥 패턴
관련 영상 바로 확인!

그렇다면 이 종목은 장기적인 투자전략으로 접근하는 것이 좋을까요? 아닙니다. 이 종목의 전체 차트를 보면 1만 원대에서 5만 원대까지 주가가 상당히 많이 오른 상태입니다. 이렇게 고가권까지 올라온 상황에서 매수하는 것은 부담이 될 수 있죠. **이론상 좋은 조건을 갖췄더라도 기업의 가치평가 측면에서는 과열된 양상을 보이고 있습니다. 따라서 이러한 경우에는 단기적인 투자전략을 세우는 것이 좋습니다.**

② 스튜디오드래곤

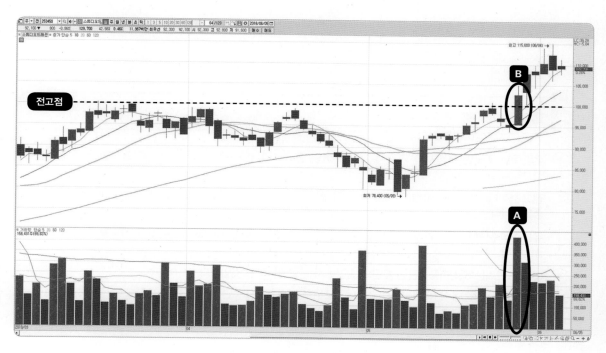

대량 거래량(A)이 터지면서 7.5%의 장대양봉(B)이 나타났습니다. 장대양봉(B)은 전고점뿐만 아니라 10만 원이라는 **라운드피겨**까지 돌파합니다. 종목별투자자 창을 확인하면 이날 외국인 투자자와 기관 투자자의 큰 자금이 유입된 것을 알 수 있죠. 따라서 이 종목은 추가 상승 가능성이 높기 때문에 다음 날 매수하면 됩니다.

위 차트에서 매수 포인트는 5일 이동평균선 부근의 음봉에서 분할매수를 하는 것입니다. **단, 10배 이상 상승한 종목은 앞선 조건을 모두 충족할지라도 주의할 필요가 있습니다.** 이러한 경우에는 단기 트레이딩 정도로만 접근하는 것이 좋습니다.

★ **챕터 포인트** ✅

① 우량주는 외국인 투자자와 기관 투자자가 어떤 종목을 매수하는지 대량 매수세를 포착한 후에 종목을 선정합니다.

② 전고점이나 박스권, 60일(3개월) 동안의 신고가를 돌파하는 장대양봉이 나오는지 파악하는 것이 중요합니다.

③ 유통주식수보다 대량 거래량의 비율이 클수록 좋고, 20% 이상 더 크다면 주가가 상승할 확률이 더욱 높습니다.

④ 매수 포인트는 5일 이동평균선 부근의 음봉에서 분할매수하는 것입니다.

⑤ 10배 이상 상승한 종목은 앞선 조건을 모두 충족할지라도 단기적인 투자전략으로 접근하는 것이 좋습니다.

 알아두기

라운드피겨: 1000원, 1500원, 5000원 등 딱 떨어지는 가격을 말합니다. 일반적으로 투자자의 심리가 반영되어 있기 때문에 라운드피겨는 저항선이나 지지선 역할을 할 가능성이 큽니다.

챕터 34.

하락장에 공부하자! 단기간 100% 수익 내는 상한가 필살기 대공개 1탄

유 튜 브
연결하기

QR코드로 영상 보는 법 p.11을 참고!

이번 시간에는 상한가를 공략하는 비법을 하나 소개하려 합니다. 저는 늘 종목 선정에 앞서 여러분께 자금이 유입된 것을 확인하라고 말합니다! 상한가는 세력의 자본이 유입됐다는 흔적이기 때문에 주가 상승의 신호탄과 같은 것이죠. 그럼 지금부터 첫 번째 상한가가 나온 자리를 공략하는 방법에 대해 알려드리겠습니다.

이홍장
이상투자그룹
현) 수석 전문가

▶ 지피지기면 백전백승! 상한가의 종류부터 알자 ⏱ 2분 53초에서 바로 확인

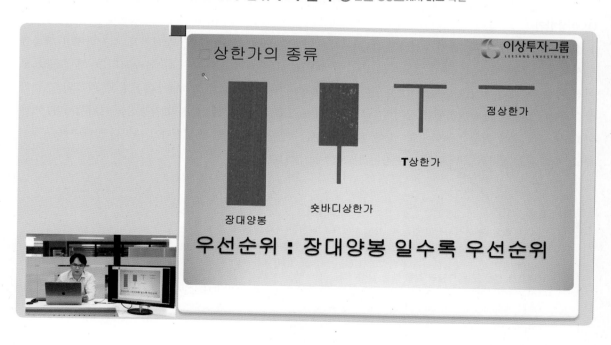

① 장대양봉 상한가

시가와 저가가 같고, **종가**와 고가가 같을 때 나타나는 캔들입니다. 시가부터 강한 매수세가 몰려 종가까지 상승으로 마무리한 경우에 나타납니다. 여러 상한가 중 **공략하기 가장 좋은 것이 바로 장대양봉 상한가**입니다. 세력이 돈을 많이 써서 만든 상한가라고 볼 수 있죠. 점상한가가 가장 강한 상한가라고 말하기도 하지만 점상한가는 유입된 자금이 많지 않습니다. 따라서 상한가의 공략 포인트를 잡는 데 있어서는 장대양봉 상한가가 더 유리한 것이죠.

장대양봉 상한가는 몸통의 길이가 20% 이상일 경우에 공략 대상이 됩니다. **횡보**하는 구간이나 저가권에서 나타나면 상승 가능성이 큰 것으로 판단되며, 상승추세 중에 나타나면 지속적인 상승 가능성을 나타냅니다. 장대양봉 상한가가 나타나면 상승 탄력을 받아 다음 거래일에도 상승추세가 이어질 가능성이 큽니다.

② 숏바디 상한가

고가와 종가가 같으며, 시가보다 위에 있지만 몸통의 길이가 짧고, 저가는 **아래꼬리**의 끝인 캔들입니다. 몸통이 숏바디인 형태는 보통 매수와 매도가 균형을 이룰 때 나타나며, 숏바디 상한가에는 아래꼬리가 달리죠. 바닥권에서 숏바디 상한가가 나타나면 상승의 시작으로 판단합니다. **숏바디 상한가는 몸통의 길이가 15% 이상일 때만 공략** 대상으로 합니다.

③ T 상한가

T 상한가는 시가, 고가, 종가가 같고, 저가는 아래꼬리의 끝인 캔들입니다. 상한가로 시작하지만 장중에 일시적으로 하락했다가 다시 상한가로 마감한 것이죠. 상승 반전형은 특히 아래꼬리가 긴 모양으로 이전 추세가 하락 국면이었다면 상승 전환될 가능성이 큽니다. 반대로 하락 반전형은 이전의 추세가 상승국면이었다면 하락 반전될 조짐이며, 고가권에서 발생했을 때는 하락 반전할 가능성을 나타냅니다. 이때 아래꼬리가 길수록 확률은 높아지죠. 또한, 바닥권에서 주가가 급등할 때 T 상한가가 나타나면 매수하는 것이 좋고, 이때를 놓쳤더라도 다음 날 매수하는 전략도 가능합니다.

시가: 하루 중 주식시장이 열릴 때 가장 처음으로 결정된 가격입니다.
종가: 하루 중 주식시장이 마감될 때 가장 마지막으로 결정된 가격입니다.
횡보: 주가가 크게 상승하거나 하락하지 않는 모습을 말합니다. 주가 움직임의 변동폭이 크지 않아 캔들차트가 마치 옆으로 선을 긋는 모양과 같을 때를 말합니다.
아래꼬리: 캔들의 몸통 아래쪽으로 붙은 실선으로 저가를 의미합니다. 아래꼬리가 길다는 것은 주가가 저가를 기록했으나 매수세가 강하여 상승 마감했다는 뜻입니다.

④ 점 상한가

시가, 고가, 저가, 종가가 같을 때 나타나는 캔들입니다. 보통 수급보다 재료에 의해 나타나는 경우가 많습니다. 신규 상장주나 갑작스런 시장 변동에 의한 폭등주나 폭락주에서 볼 수 있습니다. **순간적으로 매수세나 매도세가 강하게 몰리면서 나타나지만 거래량이 드물고 발생 확률도 크지 않습니다.**

▶️ 상한가면 아무 상한가에나 진입해도 된다? ⏱ 5분 7초에서 바로 확인

상한가라고 하여 아무 상한가나 공략하는 것이 아닙니다. 공략할 상한가를 선정하는 데에는 몇 가지 조건이 있습니다.

첫째, 장대양봉 상한가를 우선으로 합니다.
공략에 있어 가장 높은 우선순위는 장대양봉 상한가입니다. 장대양봉일수록 좋은 공략 대상이 됩니다.

둘째, 상한가가 나온 날의 거래대금이 많이 실려야 합니다.
보통 거래량을 많이 참고하지만 거래대금을 확인하는 것이 더 중요합니다. 거래대금을 통해 유입된 자금의 양을 파악할 수 있기 때문이죠. **상한가가 나온 날의 거래대금은 많을수록 좋으며, 최소 200억 원 이상**이어야 합니다. 시장이 많이 활성화되어 있다면 500억 원 이상인 것이 좋습니다.

셋째, 상한가의 위치가 중요합니다.
차트를 직접 확인하여 상한가가 나타나는 위치를 파악하는 것이 중요 포인트입니다.

① 전고점을 돌파하는 상한가

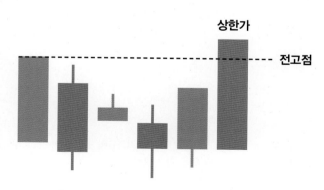

예를 들어, 거래량이 많이 나온 첫 번째 캔들이 나타납니다. 이때 캔들은 양봉이든 음봉이든 상관없습니다. 이후에 주가는 하락하다가 어느 날 전고점을 돌파하는 장대양봉 상한가가 나옵니다. 물려 있던 대부분의 개인투자자는 이때 주가가 상승하여 매수가에 도달하면 매도물량을 쏟아내죠. 세력이 이를 모두 매수하면서 전고점을 뚫고 상한가로 마감하게 됩니다. 이를 통해서 **손바뀜**이 일어났고, 세력이 물량을 매집했기 때문에 주가는 계속 상승할 것이라 예측할 수 있습니다.

② 전고점 근처에 있는 상한가

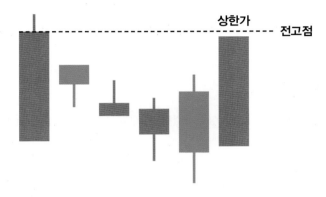

위에서 살펴본 전고점을 돌파하는 상한가와 비슷한 패턴입니다. 다만, 여기서 상한가 캔들은 전고점 부근까지 올라와 돌파 직전입니다. 이때는 전고점을 돌파하지 않았는데 공략 대상으로 괜찮을까요? 상한가는 개인투자자가 만들 수 없으므로, **전고상근**은 세력의 힘이 작용했다고 볼 수 있죠. 따라서 이후에 전고점을 돌파하고 상승추세를 이어갈 확률이 높기 때문에 공략 대상이 됩니다.

알아두기

손바뀜: 매수주체가 바뀜. 즉 잦은 매매빈도로 해당 주식의 회전율이 높아진다는 뜻입니다.

전고상근: 전고점 근처까지 상한가가 올라와 있는 것을 말합니다.

③ 주요 이동평균선을 돌파하는 상한가

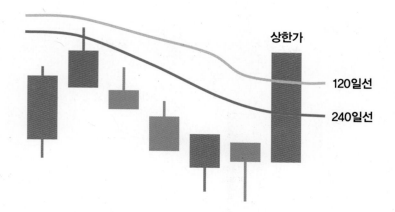

주가가 지속적으로 장기 이동평균선(120일 이동평균선, 240일 이동평균선 등)에 저항을 받으며 하락합니다. 그러다가 장기 이동평균선을 돌파하면서 상한가를 찍는 캔들이 나옵니다. 이때 전고점까지 돌파한다면 상승추세에 탄력이 더해지는 것이죠. 특히 세력의 이동평균선이라고 할 수 있는 특정 이동평균선까지 돌파한다면 추세전환도 가능합니다.

★ 세력의 이동평균선 관련 영상 바로 확인!

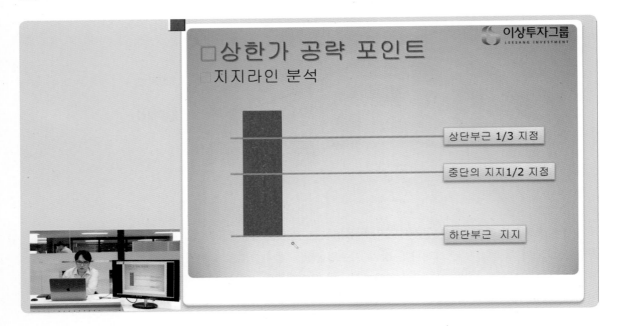

공략의 우선순위가 제일 높은 장대양봉 상한가를 예로 들어서 공략 포인트를 설명하겠습니다.

① 캔들 하단 부근의 지지

세력이 상한가를 만들 작정이라면 시가부터 상한가를 작업하기 시작할 것입니다. 세력은 시가 부근부터 많은 자금을 투입하겠죠. 따라서 **시가 라인이 강한 첫 번째 지지선이 될 수 있습니다.**

② 캔들 중단 부근의 지지(1/2 지점)

현재 최대 상한가는 30%입니다. **상한가의 절반인 15%까지 주가가 올라가면 수익 실현의 심리가 작용**합니다. 현재는 상한가의 중간 지점이지만 예전에는 상한가가 15%였기 때문에 보통 이 지점에서 매도물량이 많이 나옵니다. 세력이 장대양봉 상한가를 만들기 위해서는 여기서 나오는 매도물량을 모두 매수해야겠죠? 따라서 **캔들의 중간 지점도 지지선이 될 수 있습니다.**

③ 캔들 상단 부근의 지지(상단으로부터 1/3 지점)

상단으로부터 1/3 지점이 장대양봉 상한가를 만드는 데 있어 가장 치열한 곳입니다. 분봉 차트의 경우, 주가가 상한가를 찍은 후에 1/3 지점 내에서 계속 오르락내리락하는 모습을 종종 볼 수 있습니다. 상한가에서 마감하기 위해서는 1/3 지점에서 매도하는 물량을 모두 받아내야 합니다. 따라서 세력의 자금이 가장 많이 투입하는 부분인 것이죠. **세력이 손해를 보지 않기 위해서는 주가를 더욱 상승시켜야 하기 때문에 이 상단 부근도 지지선이 될 수 있습니다.**

▶ 상한가 2탄 맛보기! 상한가 매매법의 팁을 드립니다

공략 가능한 상한가가 출현했다면 이후 주가가 상한가의 지지라인에서 지지를 받는지 확인하고 매수하면 됩니다.

① 우리산업홀딩스

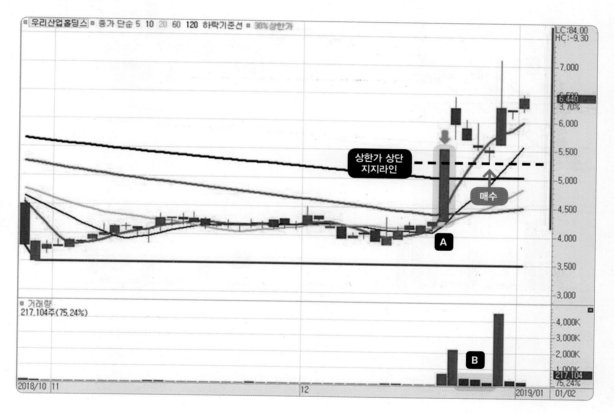

전고점과 120일 이동평균선을 돌파하는 상한가(A)의 출현으로 추세전환이 나타납니다. 상한가는 전고점이나 장기 이동평균선 등 저항대를 돌파하는 모습이 나타나야 공략 가능하다고 말씀드렸었죠? 상한가 장대양봉이 나온 이후 주가가 하락하고 거래량 또한 급감(B)합니다. 거래량이 바닥이 되면 더 이상 나올 물량이 없다는 것이죠. 따라서 주가가 장대양봉 상한가의 상단 1/3 지점에 지지를 받는지 확인하고, 지지받는다면 바로 이 지점이 매수 포인트가 됩니다.

② 와이비엠넷

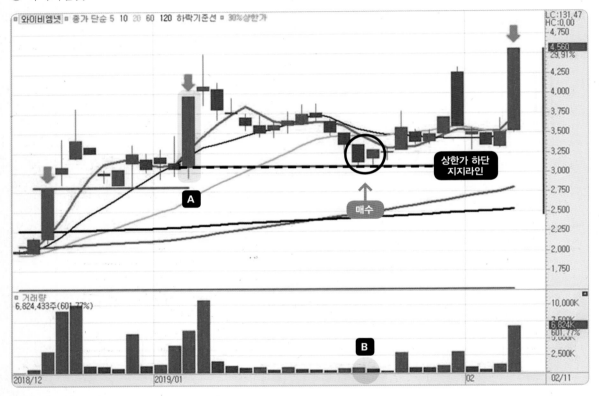

전고점을 돌파하는 상한가(A)가 나타납니다. 이후에 주가는 상한가의 상단과 중단의 지지라인에서 지지받지 못하고 계속 하락합니다. 주가가 상한가의 하단 부근까지 내려왔을 때, 거래량(B)은 바닥이 되겠죠. 주가는 상한가의 하단 지지라인에서 지지받아 반등하므로 이 지점이 매수 포인트입니다.

더 자세한 내용은 우측의 QR코드를 통해 상한가 2탄 영상으로 공부하세요!

★ 상한가 2탄
영상 바로 확인!

★ **챕터 포인트** ✅

① 장대양봉 상한가가 가장 공략하기 좋으며, 몸통의 길이가 20% 이상인 경우에만 공략합니다.

② 숏바디 상한가는 몸통의 길이가 15% 이상일 때만 공략합니다.

③ 상한가가 나온 날의 거래대금은 많을수록 좋습니다. 최소 200억 원 이상이어야 하고, 시장이 많이 활성화되어 있다면 500억 원 이상이 좋습니다.

④ 전고점 근처에 있거나 돌파하는 상한가, 장기 이동평균선을 돌파하는 상한가가 좋습니다.

⑤ 장대양봉 상한가의 경우, 시가 부근, 캔들의 중간 지점, 종가 부근(상단으로부터 1/3 지점)은 지지선이 될 수 있습니다.

공매도로 10분 만에 개인이
외국인보다 돈 많이 버는 법은?

유튜브
연결하기

QR코드로 영상 보는 법 p.11을 참고!

뉴스를 통해 심심찮게 공매도를 접하셨을 것입니다. 개인투자자들은 공매도 폐지를 외치고, 정부는 순기능을 강조하며 사실상 이를 거절했죠. 공매도가 존재할지라도 우리는 투자를 계속해야 합니다. 그렇다면 공매도를 어떻게 받아들이고, 대처해야 하는 걸까요? 공매도를 이용할 순 없는 걸까요? 지금부터 공매도를 이용해 수익을 내는 방법에 대해 알려드리겠습니다!

이상우
이상투자그룹
현) 수석 전문가

▶ **공매도를 모르면 개미는 이길 수 없다** ⏱ 3분 20초에서 바로 확인

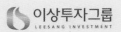

[공매도]

말 그대로 '없는 것을 판다'라는 뜻으로 주식이나 채권을 가지고 있지 않은 상태에서 매도주문을 내는 것을 말한다. 가지고 있지 않은 주식이나 채권을 판 후 결제일이 돌아오는 3일 안에 해당 주식이나 채권을 구해 매입자에게 돌려주면 되기 때문에, 약세장이 예상되는 경우 시세차익을 노리는 투자자가 활용하는 방식이다.

출처 : 두산백과

① 공매도의 정의

공매도는 주식을 갖고 있지 않은 상태에서 매도주문을 내는 것입니다. 주식을 매수하고, 보유한 주식을 매도하는 것이 일반적이지만, 공매도는 반대로 먼저 매도하고, 이후에 주식을 매수하는 것이죠. 공매도는 주식을 빌려서 매도하는 차입공매도와 주식 없이 매도부터 하는 무차입공매도로 나뉩니다. 우리나라에서 무차입공매도는 허용하지 않습니다.

② 공매도 프로세스

차입공매도의 프로세스를 쉽게 정리하면 다음과 같습니다.

> ① 주가 하락이 예상되는 종목을 예측합니다.
> ② 이자를 지불하고 해당 주식을 빌립니다.
> ③ 주가가 하락하기 전에 빌린 주식을 매도합니다.
> ④ 이후에 해당 종목의 주가가 하락합니다.
> ⑤ 매도했던 해당 종목을 싼 가격에 다시 매수합니다.
> ⑥ 매도한 가격보다 싼 가격에 매수했기 때문에 시세 차익이 발생합니다.
> ⑦ 빌렸던 주식을 다시 돌려줍니다.

따라서 **공매도는 주가 하락이 전제되어야 합니다.** 주가 하락으로 인해 수익이 발생하는 구조인 것이죠. 자신의 종목에 공매도가 얼마만큼 진행되고 있는지 알아야 대처할 수 있습니다. 키움증권의 HTS는 '종목별 공매도추이'에서 공매도를 확인할 수 있습니다.

대한민국 공매도는 순기능도 있지만 역기능이 너무 많습니다. 정보의 비대칭성이 있다는 거죠.

공매도의 순기능을 부인하지는 않습니다. 공매도가 없다면 지나치게 고평가된 주식이 발생하고, 거품이 꺼지면서 큰 위협이 될 수 있죠. 하지만 우리나라의 공매도는 방법이나 형평성에 문제가 있습니다.

① 공매도 접근성의 차이

개인투자자가 공매도를 할 수 있는 대상은 오로지 개인에게 차입하는 방법뿐입니다. 상대적으로 물량이 한정되어 있죠. 하지만 **기관이나 외국인은 높은 신용을 이용하여 중개기관으로부터 공매도를 차입**합니다. 개인투자자가 중개기관으로부터 공매도를 차입한다는 것은 사실상 불가능합니다. 따라서 개인의 공매도 접근성은 제한적일 수밖에 없죠.

② 정보의 비대칭성

개인투자자는 공매도에 대한 정보를 얻는 데에도 한계가 있습니다. HTS상에서 공매도에 대해 얻을 수 있는 정보는 '공매도 추이' 하나뿐입니다. 공시되어 있는 정보도 많지 않고, 시간별로 공매도가 얼마만큼 진행되고 있는지 개인투자자는 알 수 없습니다. 하지만 기관은 개인보다 많은 정보를 갖고 있으며, 서로 공유하기도 합니다. 정보의 질과 양, 모두에서 개인이 열위인 것이죠.

▶ 공매도를 이용해 수익을 내는 전략! ⏱12분 16초에서 바로 확인

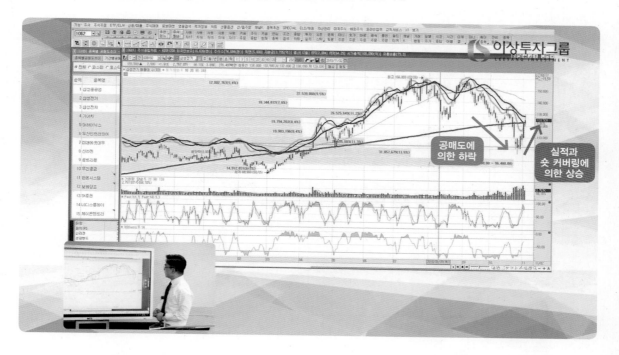

위는 삼성전기 차트입니다. 삼성전기는 공매도 때문에 10월 내내 주가가 하락했습니다. 하지만 최대 실적을 달성했다는 뉴스가 나오면서 강한 기대감에 주가가 반등했죠. 공매도 세력은 약세장을 예상하고 매도하기 때문에 반등이 나오면 수익이 줄거나 손해를 보게 됩니다. 그러면 공매도 세력은 손실을 최소화하기 위해 어떻게 할까요? **숏 커버링**을 합니다. 주가가 더 오르기 전에 빠르게 매수하여 물량을 확보하는 것이죠. 따라서 **숏 커버링이 나오는 종목은 단기간 상승이 강하게 나타납니다.**

> 숏 커버링(Short Covering): 공매도한 주식을 되갚기 위해 다시 주식을 매수하는 것으로 주가 상승의 요인으로 작용합니다.

개인투자자는 숏 커버링이 나올 때, 이를 이용해서 수익을 낼 수 있습니다. 공매도로 떨어진 주가가 **숏 커버링으로 다시 반등하는 시점에 매수하는 전략**으로 접근해야 합니다. 상승 가능성을 판단하기 위해선 공매도량을 확인합니다. 공매도량이 많을수록 숏 커버링이 많이 나오기 때문이죠. **숏 커버링에 대비하기 위해 현금 비중을 관리하는 것이 가장 중요**합니다. 현금을 보유하고 있어야 올라가기 시작할 때 매수하고, 더 많이 올라가면 매도해 수익을 낼 수 있는 것이죠. **낙폭과대주** 중에서 숏 커버링이 나타나는 종목을 골라 매수하는 것도 하나의 매매전략이 될 수 있습니다.

▶ 차트로 보는 공매도와 숏 커버링! ⏱ 25분 7초에서 바로 확인

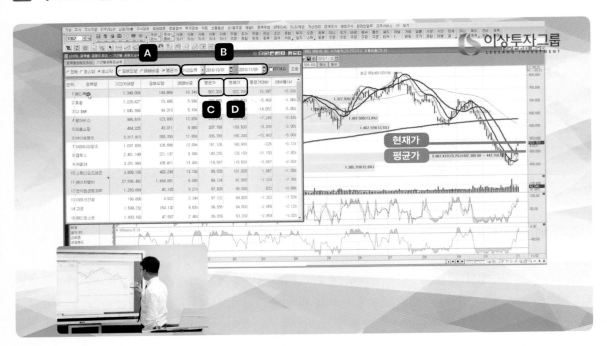

🔍 **알아 두기**   낙폭과대주: 단기간에 주가가 급격하게 떨어지는 주식을 말합니다.

메디톡스 차트를 보면서 설명드리겠습니다.

'종목별 공매도추이'를 보면, 공매도에 대한 정보를 얻을 수 있습니다. A에서 '공매도량', '매매비중', '평균가' 중 선택하면, 내림차순으로 정렬됩니다. B에서는 원하는 기간을 설정할 수 있습니다. 메디톡스의 경우, 공매도 평균가(C)보다 현재가(D)가 높게 나타납니다. 이를 통해 숏 커버링이 많이 나왔다는 것을 알 수 있죠. 하지만 공매도량이 많기 때문에 숏 커버링은 더 발생할 것으로 예상됩니다. 물론 숏 커버링이 다시 빠지는 상황이 발생할 수 있습니다. 따라서 공매도량과 매매비중 등 공매도 추이를 확인하며 매매를 해야 합니다.

★ 챕터 포인트 ✓

① 공매도는 주가 하락을 예측하고 매매하는 방식입니다.

② 공매도로 하락하던 주가가 반등하면, 숏 커버링에 의해 단기간 상승이 강하게 나타납니다.

③ 숏 커버링으로 다시 반등하는 시점에 매수하는 전략으로 접근해야 합니다.

④ 숏 커버링에 대비하기 위해 현금 비중을 관리하는 것이 가장 중요합니다.

⑤ 공매도량과 매매비중 등 공매도 추이를 확인하며 매매를 해야 합니다.

급등주 잡는 매수 타이밍 포착 기법 1탄

유 튜 브
연결하기

QR코드로 영상 보는 법 p.11을 참고!

급등주를 잡는 최고의 매수 타이밍을 알려드리겠습니다. 이름하여 3 – 130 기법! 굉장히 간단 하면서도 강력한 기법이고, 여러분이 수익을 내는 데 큰 도움이 될 것입니다. 당일평균선의 원리부터 130이동평균선을 이용한 매매 방법까지 모두 공개할 예정이니 주목하세요!

이홍장
이상투자그룹
현) 수석 전문가

▶ 당일평균선이 뭔가요? ⏱ 1분 1초에서 바로 확인

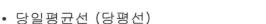

이상투자그룹
LEESANG INVESTMENT

- 당일평균선 (당평선)
- 이동평균선의 재해석
- 주식시장 : 9시 - 3시 30분 (6시간30분)
- 6시간30분 = 390분
- 3분봉 기준 -> 390분 / 3분 = 130개봉(130이평선)
- 즉, 당일의 평균값은 3분봉상 130 이평선을 기준으로 볼 수 있다.
- 5분봉 기준 -> 390분 / 5분 = 78개봉(78이평선)
  (5분봉상 78이평선이 기준이 된다)
  즉, 3-130 = 5-78 (거의 같다)
  5일선의 경우 390 * 5 = 1950
  1950분 / 3 = 650 이평선

당일평균선은 이동평균선을 재해석하여 제가 직접 만든 지표입니다. 당일의 평균값을 볼 수 있는 이동평균선이기 때문에 당일평균선이라고 이름지었죠. 지금부터 설명할 130이동평균선, 78이동평균선, 650이동평균선이 당일평균선에 해당합니다.

① 130이동평균선(하루 기준)

현재 주식시장은 9시 ~ 15시 30분까지로 하루 6시간 30분 동안 장이 열립니다. 6시간 30분을 분 단위로 변환하면 390분이죠. 3분봉 차트는 3분마다 하나의 봉이 표시됩니다. 따라서 **3분봉을 기준으로 했을 때, 하루 동안의 거래를 나타내는 캔들은 390을 3으로 나눈 값으로 총 130개입니다. 130개의 봉이 모여서 나오는 평균선이 130이동평균선입니다.** 즉, 당일의 평균값은 3분봉 차트상에서 130이동평균선을 기준으로 볼 수 있습니다.

3분봉 차트상에서 130이동평균선보다 주가가 밑에 있으면 평균값보다 낮다는 것이기 때문에 하락추세를, 130이동평균선보다 위에 있으면 상승추세를 의미합니다. 따라서 **130이동평균선 위에 주가가 있을 때가 매수 타이밍이며, 주가가 130이동평균선 아래로 내려가면 매도 내지는 흐름을 주시해야 합니다.**

3분봉 차트상에서 130이동평균선을 이용하면 아주 간단하게 당일의 추세를 알 수 있습니다. 130이동평균선 아래로 내려가던 주가가 130이동평균선을 뚫고 위로 올라가면 하락추세에서 상승추세로 전환됐다고 판단할 수 있죠. 이처럼 추세를 예측하기 쉽기 때문에 단기매매에서도 매우 유용합니다.

② 78이동평균선(하루 기준)

같은 원리를 5분봉 차트에 적용한 것이 78이동평균선입니다. 하루 390분을 5분 단위로 표시하기 때문에 총 78개의 캔들이 나타나죠. **3분봉 차트의 130이동평균선과 5분봉 차트의 78이동평균선은 거의 같습니다.** 따라서 5분봉 차트상에서는 78이동평균선을 기준으로 당일의 평균값을 파악할 수 있습니다.

③ 650이동평균선(5일 기준)

위와 같은 원리지만 하루가 아닌 5일을 기준으로 한 것이 650이동평균선입니다. 하루 390분씩 5일이므로 총 1950분이며, 3분봉 차트에서 총 650개의 캔들이 나타나죠. **3분봉 차트에서 650이동평균선은 일봉 차트에서 5일 이동평균선과 같은 것입니다.**

3분봉 차트상에서 650이동평균선이 일봉 차트의 5일 이동평균선 역할을 하기 때문에, 일봉 차트와 3분봉 차트를 번갈아 보는 불편함과 차트를 혼동할 여지가 없습니다. 또한, 3분봉 차트에서도 5일 이동평균선의 위치가 어디쯤인지 확인이 가능합니다.

▶ **3-130 기법의 자리를 찾아라!** ⏱ 8분 23초에서 바로 확인

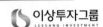

- 3-130 기법의 자리
- <u>항상 상위 개념은 일봉 > 분봉 이다</u>
- 일봉의 자리가 기법의 자리이다.
- 여기서 분봉을 보고 정교하게 매수시점을 포착한다.
- 일봉상 전고점을 넘는 장대양봉, 상한가 발생
- 거래량이 평균거래량 대비 5배 이상 발생
- 정배열이 우선 이다. 그러나 역배열에서는
  거래량이 10배 이상 발생하고 주요이평선을 돌파
  하면 거래대상이 된다.

항상 분봉보다 중요한 것이 일봉입니다. 분봉 차트에서 기법의 자리가 완성됐더라도 일봉 차트에서 기법의 자리가 불명확하다면 확률은 현저히 떨어지죠. **일봉 차트에서 나타나는 자리가 기법의 자리이고, 분봉 차트를 통해 정교하게 매수시점을 포착**하는 것입니다. 이러한 과정을 거치면 최저점에서 매수할 가능성이 커지는 것이죠. 일봉 차트에서 확인할 수 있는 3-130기법의 자리는 다음과 같습니다.

첫째, 일봉 차트에서 전고점을 뚫는 장대양봉, 상한가가 발생하는 자리
둘째, 거래량이 평균거래량 대비 5배 이상 발생하는 자리
셋째, 정배열인 상한가가 나타나는 자리

이 기법에서는 항상 자금이 유입된 흔적이 있어야 합니다. 그 흔적이 차트상에서는 장대양봉으로 표시되는 것이죠. **최소 10% 이상의 장대양봉**, 거래량이 평균거래량 대비 5배 이상 발생한 장대양봉, 상한가가 나온다면 더 좋습니다. 특히 전고점을 돌파하거나 정배열인 상한가 기법의 자리입니다.

역배열에서 장대양봉이나 상한가가 나오는 경우가 종종 있습니다. 이러한 경우도 단기적으로는 좋은 매수 기회가 될 수 있죠. **역배열인 경우에는 거래량이 평균거래량 대비 10배 이상 발생하고, 주요 이동평균선을 돌파하는 장대양봉이나 상한가가 나오면 매수시점을 기다렸다가 3 – 130 기법을 이용하면 급등주를 잡을 확률이 높아집니다.**

▶ **3 – 130 기법의 매매 포인트를 공개합니다!** ⏱ 11분 34초에서 바로 확인

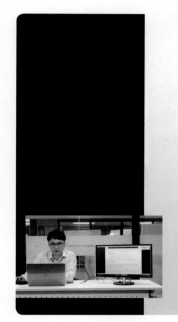

이상투자그룹
LEESANG INVESTMENT

- 매수포인트
- 일봉상 눌림 자리에서 3-120 기법으로 3분봉상 120 이평선을 돌파할때가 매수포인트이다 이때 분봉상 거래량이 나오는 것이 중요하며 분봉상 쌍바닥이나 원형바닥 등을 만들고 돌파할때가 성공 확률이 높다.

*손절라인 : 분봉상 저점을 이루고 반등이 나온자리를 이탈하면 손절로 대응한다.

알아두기

상한가: 하루에 오를 수 있는 최대 가격 상한선을 말합니다.

일봉 차트에서 눌림 자리를 확인하고, **3분봉 차트에서 주가가 130이동평균선을 돌파할 때가 매수 포인트입니다.** 3 – 130 기법이 적용되는 자리가 바로 **눌림목에서 상승으로 추세전환하는 자리인 것이죠. 이때 분봉 차트상에서 많은 거래량이 나오는 것이 중요합니다.** 그리고 또 하나! 주가가 **쌍바닥 패턴**이나 **원형바닥 패턴** 등을 만들고 130이동평균선을 돌파할 때 급등주를 잡을 확률이 높습니다. 여기에 거래량까지 터지면 확률은 급상승하죠.

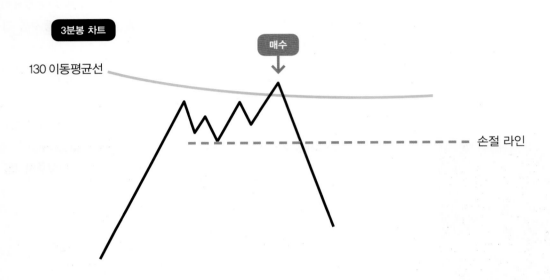

3 – 130 기법에서는 손절라인이 굉장히 짧습니다. 3분봉 차트상에서 주가가 상승하다가 눌림목이 나타납니다. 이후 주가가 상승하면서 130이동평균선을 돌파하는 듯하여 매수했으나 곧바로 하락합니다. 이때는 **3분봉 차트상에서 저점을 이루고, 반등이 나온 자리를 이탈하면 손절로 대응**합니다.

알아두기

눌림목: 상승세를 보이던 주가가 수급 등의 요인으로 인해 일시적으로 하락세를 보이는 것을 말합니다.

쌍바닥 패턴: 하락추세에 있던 종목이 저가 매수세가 유입되면서 상승전환을 하게 되는데 전환되기 전 지점을 통칭 바닥이라고 부르며, 이런 형태로 연속으로 두 번을 거치는 경우를 쌍바닥이라고 합니다.

원형바닥 패턴: 주가가 완만한 곡선 형태로 하락하여 바닥을 거친 후 다시 완만한 형태로 상승세를 보이는 패턴을 말합니다. 보통 이 패턴이 완성되면 큰 폭으로 주가 상승이 이루어지는 특징이 있습니다.

차트를 활용한 실전 분석은 3 – 130 기법 2탄 영상으로 학습하세요!

---

① 3분봉을 기준으로 했을 때, 하루 동안의 거래를 나타내는 캔들은 총 130개이며, 이 캔들이 모여서 나오는 평균선이 130이동평균선입니다.

② 130이동평균선 위에 주가가 있을 때가 매수 타이밍이며, 주가가 130이동평균선 아래로 내려가면 매도 내지는 흐름을 주시해야 합니다.

③ 일봉 차트에서 전고점을 뚫는 10% 이상의 장대양봉, 상한가가 발생하는 자리, 거래량이 평균거래량 대비 5배 이상 발생하는 자리, 정배열인 상한가가 나타나는 자리가 기법의 자리입니다.

④ 3분봉 차트에서 많은 거래량이 발생하면서 주가가 130이동평균선을 돌파할 때가 매수 포인트입니다.

⑤ 3분봉 차트상에서 저점을 이루고 반등이 나온 자리를 이탈하면 손절로 대응합니다.

10일 차

Chapter 37.
주식 급등주 찾아내는 대가의 성공 기법은? "사케다기법"에 주목하라!

- ▣ 사케다기법 1. 삼산
- ▣ 사케다기법 2. 삼천
- ▣ 사케다기법 3. 삼공
- ▣ 사케다기법 4. 삼병
- ▣ 사케다기법 5. 삼법
- ▣ 실제 차트로 확인!

학습 난이도 ★★★☆☆

Chapter 38.
일목균형표 뽀개기 1강! 보조지표의 꽃 이동평균선보다 정확한 지표 총정리

- ▣ 시간 개념까지 포함된 일목균형표
- ▣ 왜 9(전환선)와 26(기준선)일까? 의미는 무엇일까?
- ▣ 이동평균선과 일목균형표의 전환선, 기준선은 같다?
- ▣ 기준선을 활용한 매매법 5가지!
- ▣ 일목균형표의 핵심! 후행스팬 맛보기

학습 난이도 ★★★★☆

Chapter 39.
일목균형표 완벽 이해 2강! 선행스팬과 구름대를 이용하여 매매하는 방법은?

- ▣ 주가의 방향성을 파악하기 유리한 후행스팬
- ▣ 주가를 선행하는 선, 선행스팬1과 선행스팬2
- ▣ 선행스팬이 만들어 낸 구름대
- ▣ 양운이 두꺼운 경우, 주가가 뚫을 수 있을까요?

학습 난이도 ★★★★☆

Chapter 40.
일목균형표 최종.mp4 복잡한 건 싫다! 이걸로 게임 끝!

- ▣ 일목균형표 매매법을 차트에 적용해봅시다
- ▣ 새로운 개념, 대등수치의 등장!
- ▣ 차트에서 보는 대등수치!

학습 난이도 ★★★★☆

챕터 37.
주식 급등주 찾아내는 대가의 성공 기법은?
"사케다기법"에 주목하라!

유 튜 브
연결하기

QR코드로 영상 보는 법 p.11을 참고!

오늘 강의 주제는 사케다기법입니다. 이것은 일본에서 혼마 무네히사라는 사람이 16 ~ 17세기에 만들었습니다. 이것은 찾기도 힘들고, 배우기도 힘든 고급 기법입니다. 혼마 무네히사는 우리들이 날마다 보는 캔들 차트를 세계 최초로 고안한 사람이기도 합니다. 그럼 주식 급등주를 찾아내는 사케다 기법에 대해 알아보겠습니다!

이상우
이상투자그룹
현) 수석 전문가

▶ 사케다기법 1. 삼산 ⏱ 5분 3초에서 바로 확인

사케다기법은 삼산, 삼천, 삼공, 삼병, 삼법 총 5가지로 이루어져 있습니다. 미국의 기술적 차트기법과 동양 철학이 들어가 있는 사케다기법 내용은 굉장히 비슷합니다.

삼산기법과 비슷한 것은 헤드 앤 솔더형입니다. 고점에서 이루어지는 기법이죠. 2개 기법을 동시에 설명해 드리겠습니다.

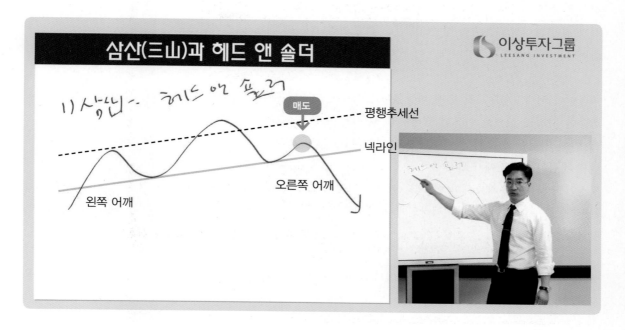

산이 3개면 하락한다는 것입니다. 그럼 언제 매도해야 할까요? 처음에 주가가 올랐다가 빠진 지점과 두 번째 주가가 올랐다가 빠진 지점을 이은 선을 헤드 앤 솔더형에서는 넥라인이라고 합니다. 삼산이 완성되고 주가가 하락할 때, 늦어도 넥라인에서는 무조건 매도해야 합니다!

그 다음으로 설명드릴 것은 되돌림 현상인데요. 매도시점에서 팔지 못했을 때 다시 한 번 팔 수 있는 기회를 주는 것입니다. 삼산을 완성하고 주가가 하락한 후에 넥라인까지 다시 올라왔다가 빠지는 것이죠. 주가가 다시 넥라인까지 올라왔을 때 반드시 매도해야 하며, 이때 넥라인을 상향 돌파할 거란 기대를 갖고 매수하는 것은 절대 안 됩니다.

넥라인과 평행한 선을 첫 번째 고점에서 그으면 보통 세 번째 고점이 첫 번째 고점까지 못 올라옵니다. 그래서 오른쪽 어깨(세 번째 산)에서 매도하는 것이 좋습니다. 넥라인이 나올 때까지 기다리는 것이 아니고요.

▶ 사케다기법 2. 삼천 ⏱ 11분 22초에서 바로 확인

삼천은 흐르는 물이 3개 있다는 것입니다. 삼천은 역 헤드 앤 숄더형, 그리고 제가 정말 많이 말씀드렸던 삼중바닥형과 같은 것입니다. 역 헤드 앤 숄더형으로 삼천형을 설명해 드리겠습니다.

넥라인이 어디일까요? 첫 번째 하락했다가 상승한 자리와 두 번째 하락했다가 상승한 자리를 선으로 이으면 넥라인이 됩니다. 또한, 그다음 첫 번째 저점과 세 번째 저점을 이으면 평행추세선이 연결되죠. 그럼 언제 사야 할까요? 두 번째 저점인 A 지점에서 콕기법이 나온다면 매수가 가능합니다. 그리고 세 번째 저점인 B 지점에서 매수해야 합니다. 만약 B 지점에서 못 샀다면 넥라인을 상향 돌파하는 C 지점이나 주가가 넥라인에 지지받고 반등하는 D 지점에서 매수해야 합니다.

역 헤드 앤 숄더형은 파괴력이 큰 기법입니다. 바닥에서 나올 때 신뢰성이 높고, 거래량이 우상향할수록 더욱 신뢰도가 높습니다.

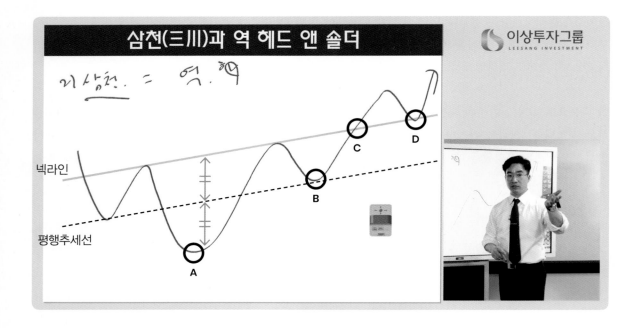

삼공이 나오는 자리가 의외로 많습니다. 급등주를 볼 때 삼공이 많이 나오는데요. 삼공은 갭입니다. 캔들과 캔들 사이의 갭이 3번 정도 나타나는 것이죠. 갭 종류는 보통갭, 돌파갭 등 많습니다.

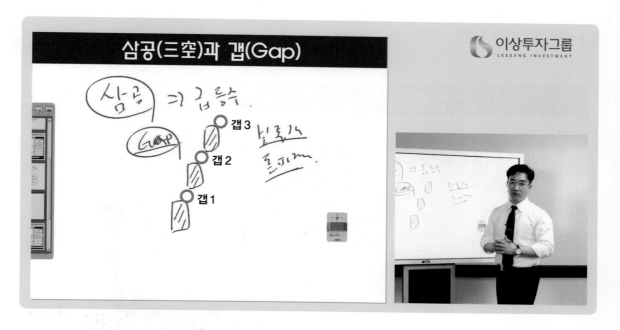

그럼 갭을 메우고 가는 것이 좋을까요? 갭을 띄우고 가는 것이 좋을까요?

바닥권에서는 될 수 있으면 갭을 메우고 가는 것이 좋습니다. 반면 중간갭에서는 갭을 띄고 가는 것이 좋습니다. 갭이 띄어져 있다는 것은 그만큼 힘이 세다는 의미입니다. 매도하는 사람보다 매수하는 사람이 더 세기 때문에 받쳐준다는 거죠.

갭을 띄었을 때 캔들 몸통이 큰 것이 좋을까요? 작은 것이 좋을까요? 작은 것이 좋습니다. 몸통이 크다는 것은 매수, 매도가 많이 싸운다는 것입니다. 매수자가 많은 만큼 매도자가 나왔다는 거죠. 캔들의 몸통이 길어질수록 매도 시점이라는 것을 숙지하세요.

★ 캔들
관련 영상 바로 확인!

삼공기법이라는 것은 갭이 3번 정도 띄어준 후에 추세 전환이 나올 수 있다는 것입니다. 저점에서 삼공이 나오면 상승이 나올 수 있고, 고점에서 삼공이 나오면 하락 추세로 변할 수 있다고 보는 것이죠. **삼공이 나온다면 분할매도를 해야 합니다.**

▶ 사케다기법 4. 삼병 ⏱ 21분 25초에서 바로 확인

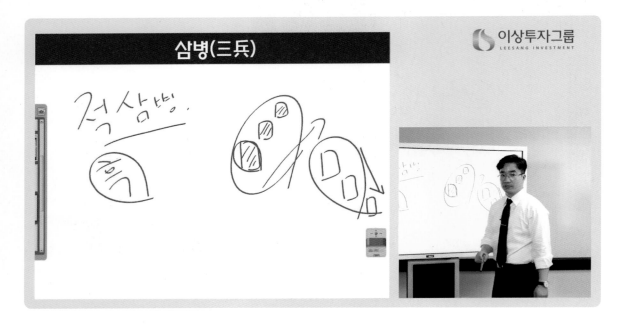

적삼병은 우상향하는 양봉이 연속 3개 나오는 현상을, 흑삼병은 우하향하는 음봉이 연속 3개 나오는 것을 말합니다. 적삼병은 바닥에서 나와야 합니다. **적삼병이 나오면 급등이 나오는 자리**라고 보면 됩니다.
흑삼병은 반대로 고점에서 나와야 합니다. **흑삼병이 나오면 매도**가 맞습니다. 요즘 차트는 흑삼병이 나오고 되돌림 현상이 나왔다가 다시 빠집니다. 그래서 흑삼병이 나오기 전에 고점인 넥라인에서 매도하는 것이 맞습니다. 이 시점에서 오른쪽 어깨에서 수익실현을 해야 합니다.

▶ 사케다기법 5. 삼법 🕐 25분 22초에서 바로 확인

앞에서 배운 삼산부터 삼병은 패턴이고, 삼법은 매매할 때 **추세가 확인되지 않으면 절대 매매하지 말라**는 것입니다. '삼중바닥이 나오면 확인 작업하라!'라고 항상 강조했었죠? 제가 제일 중요하다고 생각하는 부분입니다.

▶ 실제 차트로 확인! 🕐 29분 30초에서 바로 확인

① 코오롱티슈진

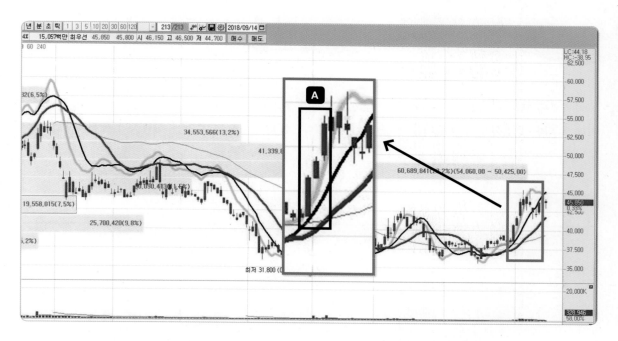

주가가 하락하여 최저점을 찍은 후 횡보합니다. 그리고 8%의 장대양봉을 시작으로 2개의 양봉이 더 나타나는 것을 볼 수 있습니다. 이 3개의 양봉은 사케다기법의 적삼병(A)입니다. 바닥에서 적삼병이 나왔기 때문에 주가는 크게 상승하여 전고점을 돌파했습니다.

② 엘비세미콘

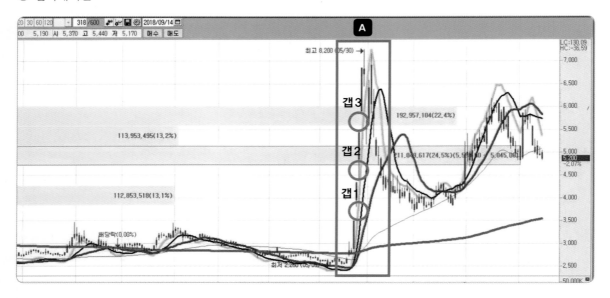

A 지점에서 장대양봉 상한가가 나오면서 주가가 급등했습니다. 이후 투자경고종목으로 지정되어 단일가로 거래가 되면서 갭이 3개 발생하는 삼공이 나타납니다. 삼공이 나오면 주가는 하락하기 때문에 매도해야 합니다.

③ 텔콘RF제약

고점 부근에서 삼천이 나타납니다. 삼천의 저점인 A 지점과 B 지점을 연결하여 넥라인을 설정합니다. 주가가 넥라인을 내려가면 일단 손절해야 합니다. 넥라인을 내려갔던 주가가 일시적으로 상승하는 C 지점에서도 매도 가능합니다.

⭐ **챕터 포인트** ✅

① 삼산: 헤드 앤 숄더형에서는 넥라인이라고 합니다. 이 넥라인에서는 무조건 매도해야 합니다.

② 삼천: 역 헤드 앤 숄더형은 파괴력이 큰 기법입니다. 바닥에서 나올 때 신뢰성이 높고, 거래량이 우상향 할수록 더욱 신뢰도가 높습니다.

③ 삼공: 삼공기법이라는 것은 갭이 3번 정도 띄어준 후에 추세 전환이 나올 수 있다는 것입니다.

④ 삼병: 적삼병은 바닥에서 나와야 합니다. 적삼병이 나오면 급등이 나오는 자리라고 보면 됩니다. 흑삼병은 반대로 고점에서 나와야 합니다. 흑삼병이 나오면 매도가 맞습니다.

⑤ 삼법: 매매할 때 추세가 확인되지 않으면 절대 매매하지 말라는 것입니다.

일목균형표 뽀개기 1강! 보조지표의 꽃 이동평균선보다 정확한 지표 총정리

유 튜 브
연결하기

QR코드로 영상 보는 법 p.11을 참고!

오늘은 일목균형표라는 기법을 소개해 드리겠습니다. 일목균형표를 만든 일본의 호이다 코이치(일목선인)는 운이 나빠도 이익을 볼 수 있는 방법을 만들고 싶다고 말했습니다. 일목균형표는 동경대 학생 2천여 명이 3년 동안 철학과 산업에서 온갖 수치를 모아 만든 기법입니다. 통계학의 완성본이라 해도 과언이 아니죠. 주가가 어디까지 올라가고, 떨어질지 한 수 앞을 내다 볼 수 있습니다. 그럼 일목균형표 3개의 영상 중 1강을 시작하겠습니다!

이상우
이상투자그룹
현) 수석 전문가

▶ 시간 개념까지 포함된 일목균형표 ⏱ 5분 35초에서 바로 확인

일목균형표
1교시

이상투자그룹
LEESANG INVESTMENT

1) 전환선 : 과거 9일간의 최고가 + 과거 9일간의 최저가 / 2

2) 기준선 : 과거 26일간의 최고가 + 과거 26일간의 최저가 / 2

3) 후행스팬 : 오늘 종가 26일 뒤

4) 선행스팬1 : 전환선 + 기준선 / 2 → 26일 앞

5) 선행스팬2 : 52일 최고가 + 52일 최저가 / 2 → 26일 앞

일목균형표는 전환선, 기준선, 후행스팬, 선행스팬1, 2 등 5개의 의미 있는 선으로 구성됐습니다. 그렇다면 **일목균형표에서 지표별 선행 순서는 어떻게 될까요? 선행스팬>전환선>기준선>후행스팬입니다.**

왜 선행스팬이 가장 빨리 나올까요? 선행스팬은 지표값을 26일 앞으로 던지기 때문에 가장 빠르다고 할 수 있죠. 후행스팬은 지표값을 26일 뒤에 놓고, 전환선과 기준선은 이 가운데 놓는 것입니다.

위 그림의 계산법을 참고하면 각 선이 내포한 시간 개념을 이해하는 데 도움이 될 것입니다. 이처럼 일목균형표는 과거, 현재, 미래를 한꺼번에 볼 수 있으며, 시·공간적인 개념뿐만 아니라 가격적인 개념까지 담고 있습니다.

> ### <일목균형표 설정하는 방법>
> '좌측메뉴 보이기/감추기' 버튼 클릭 ▶ '기술적지표' 클릭 ▶ '가격지표' 클릭 ▶ '일목균형표' 클릭
>
> ### <기준선 잘 보이게 하는 방법>
> 차트 좌측 상단에 '전환선 9 기준선 26 ~ 선행스팬2 52, 26' 더블 클릭 ▶
> '지표 설정' 창에서 '라인 설정' 탭 클릭 ▶ 기준선의 색상과 두께 설정(색 : 회색, 두께 : 3)

▶️ 왜 9(전환선)와 26(기준선)일까? 의미는 무엇일까? 🕐 11분 33초에서 바로 확인

9는 철학적으로나 파동의 개념에서도 완벽한 숫자이며, 동양적인 숫자이기도 합니다. 따라서 전환선은 9일을 기준으로 합니다.

그렇다면 26은 무엇일까요? 엘리어트 파동이론의 3파동이나 삼중바닥에서 쓰이듯, 3은 완벽한 숫자입니다. 3개의 파동이 있어야 하나의 사이클이 끝난다고 말씀드린 적이 많습니다. 한 파트는 9일에 해당하고, 3개의 파동을 곱하면 27이라는 숫자가 나옵니다. 27과 유사한 26은 철학적 의미를 내포하는 하나의 완벽한 사이클인 것입니다.

일각에서는 기준선을 26일이 아닌 20일로 수정해야 한다는 의견이 있습니다. 과거에 26일은 일요일을 제외한 한 달을 의미했고, 기준선에도 이 개념이 적용됐다는 것입니다. 하지만 지금은 주 5일이기 때문에 20일로 변경해야 한 달을 반영한다는 논리죠.

하지만 26은 일목선인이 오랜 연구 끝에 선택한 숫자입니다. 따라서 기준선을 20일로 수정하기보다 26일 그대로 사용하는 것을 추천합니다.

▶ 이동평균선과 일목균형표의 전환선, 기준선은 같다? ⏱13분 35초에서 바로 확인

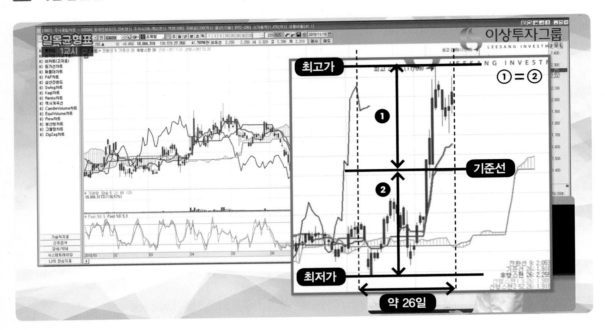

이동평균선과 일목균형표는 다릅니다. 이동평균선은 일정 기간 동안의 모든 종가를 더해서 평균한 값이고, **일목균형표의 기준선은 일정 기간 동안의 최고가와 최저가의 중간에 해당하는 값**으로 전혀 다른 개념입니다. 기준선이 중요한 이유는 매수세와 매도세가 집약된 중간이 어디인지, 평단가가 어디인지 구하는 기준을 잡아 주기 때문입니다.

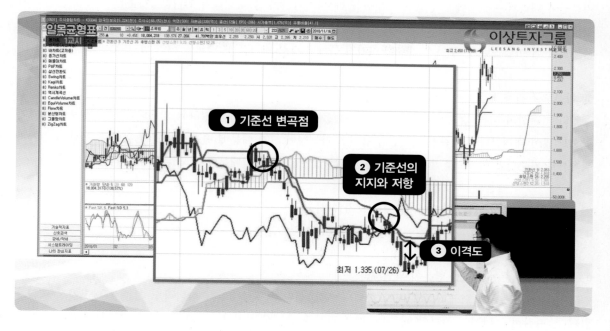

기준선을 매매에 활용할 수 있는 5가지 방법에 대해 알아보도록 하겠습니다.

① **기준선의 변곡점을 찾아라!**
추세가 상승하고 있고, 기준선(회색 선)**이 상향으로 꺾이면서 변곡점이 나오는 자리가 매수지점이 됩니다.**
이때는 기준선이 올라간 후에도 매수가 가능합니다. 반대로 **추세가 하락하고 있고, 기준선이 꺾이면서 떨어지고 있다면 매도**해야 합니다. 기준선이 꺾이는 시점에 캔들은 보통 음봉입니다. 이것은 분명한 매도신호인 것이죠.

기준선은 떨어지는데 추세는 상승하고 있는 모습이 나올 수 있을까요? 기준선은 26일 간의 최고가와 최저가를 기준으로 합니다. 추세가 상승하고 있다면, 최저가는 고정되어 있고 최고가는 갱신되고 있는 것이죠. 따라서 추세가 상승하고 있다면 기준선은 무조건 따라갈 수밖에 없습니다. **기준선이 상향으로 꺾이면 매수신호, 하향으로 꺾이면 매도신호로 판단하면 됩니다.**

② 지지와 저항을 이용해라!

기준선이 내려오는 시점에서 캔들에 부딪혔을 때 지지와 저항을 확인해야 합니다. 기준선 밑에 있던 주가가 상승하면서 기준선에 부딪힙니다. 이때 기준선은 저항선 역할을 하죠. 일목균형표에서 돌파는 이동평균선의 돌파보다 더 어렵습니다. **주가가 저항을 이기지 못하고 다시 내려갈 땐 매도를 해야 합니다.**

③ 이격도를 활용해라!

주가와 기준선의 이격도가 커지면 주가는 기준선을 쫓아오고 싶어하는 경향이 있습니다. **기준선보다 주가가 밑으로 많이 내려갔다면 기준선 위치만큼 올라올 가능성이 크기 때문에 매수 타이밍**이 됩니다. 반대로 **주가가 위쪽으로 기준선과 이격도를 벌린다면 기준선만큼 떨어질 수 있기 때문에 매도 타이밍**입니다.

④ 전환선이 기준선을 골든크로스 할 때를 포착해라!

전환선이 기준선을 돌파하는 시점에 매수하는 방법입니다.

⑤ 전환선이 기준선 지지를 받는지 확인해라!

전환선은 기준선보다 위에서 움직여야 합니다. 전환선이 오르락내리락 하더라도 기준선은 지지선 역할을 합니다. 따라서 전환선이 하락할 때, 기준선에 지지를 받는지 확인하는 것이죠. 만약 **기준선에 지지를 받아 반등한다면 매수**하고, 지지를 받지 못한다면 매수하지 않으면 됩니다.

▶️ 일목균형표의 핵심! 후행스팬 맛보기 🕐 23분 21초에서 바로 확인

후행스팬은 당일의 종가를 뒤로 보냄으로써 내 위치를 확인하는 것입니다. 일목균형표는 가격지표에 해당합니다. 따라서 시장의 매수세와 매도세에서 내 위치가 높은지, 낮은지를 알 수 있죠. 만약 높게 위치했다면 매도를, 낮게 위치했다면 매수를 하는 것입니다.

후행스팬은 최고점과 최저점을 찾아낼 때 유용합니다. 특히 바닥을 찾기 어려운 분이 많을 텐데요. 후행스팬은 최저점을 찾아내는 데 적합한 지표입니다. 후행스팬에 대한 좀 더 자세한 내용은 다음 챕터에서 알려드리겠습니다!

그에 앞서 일목균형표가 어려운 분들은 일목균형표 Q&A 편을 참고하면 조금 더 쉽게 이해할 수 있을 것입니다!

★ 일목균형표 Q&A
관련 영상 바로 확인!

★ **챕터 포인트** ✓

① 일목균형표의 기준선은 일정 기간 동안의 최고가와 최저가의 중간에 해당하는 값입니다.

② 기준선은 매수세와 매도세가 집약된 중간이 어디인지, 평단가가 어디인지 구하는 기준을 잡아 주기 때문에 중요합니다.

③ 기준선이 상향으로 꺾이면 매수신호, 하향으로 꺾이면 매도신호로 판단하면 됩니다.

④ 주가가 기준선 위에서 이격을 벌린다면 매도 타이밍, 주가가 기준선 아래에서 이격을 벌린다면 매수 타이밍입니다.

⑤ 전환선이 하락할 때 기준선이 지지선 역할을 하면 매수합니다.

챕터 39. 일목균형표 완벽 이해 2강! 선행스팬과 구름대를 이용하여 매매하는 방법은?

QR코드로 영상 보는 법 p.11을 참고!

앞 챕터에서 일목균형표의 기원에 대해 대략적으로 설명드렸는데요. 이번 시간에는 일목균형표에서 선행스팬과 후행스팬, 그리고 구름대에 대하여 자세히 알아보겠습니다! 일목균형표는 다른 차트기법과 달리 시간개념이 들어가 기술적 분석 중에서도 난도가 높은 지표로 꼽힙니다. 하지만 제가 이해하기 쉽게 설명할 테니 집중하세요!

이상우
이상투자그룹
현) 수석 전문가

▶ 주가의 방향성을 파악하기 유리한 후행스팬 ⏱ 1분 1초에서 바로 확인

스팬은 일정한 간격을 뜻합니다. 선행스팬과 후행스팬에서 일정한 간격은 26일인 것이죠. 선행스팬은 지표값을 26일 앞으로 보낸 것이고, 후행스팬은 26일 뒤로 보낸 것이라 생각하면 이해가 쉬울 것입니다. 그러면 후행스팬부터 자세히 알아보겠습니다.

후행스팬은 오늘 시세의 종가를 26일 전으로 거슬러 올라가 표시한 지표입니다. 후행스팬은 차트와 동떨어져 있고, 선 지표이기 때문에 한눈에 확인이 가능합니다. 따라서 아래와 같은 경우에 유용하게 사용됩니다.

① 차트에서 고점과 바닥 찾기

후행스팬은 선 지표이기 때문에 꼭짓점이 나타납니다. 제일 높게 위치한 꼭짓점은 고점, 제일 낮게 위치한 꼭짓점은 바닥에 해당하기 때문에 위치를 파악하기에 유용합니다.

② 주가의 방향성 파악

캔들 차트는 주가의 흐름을 읽기에 직관적이지 않습니다. 하지만 후행스팬은 26일 전의 가격과 현재 가격을 비교하기 때문에 주가의 방향성을 파악하기 쉽습니다.

후행스팬을 참고하면 당일 종가와 26일 전의 시세에 어떤 차이가 있는지를 단적으로 알 수 있습니다. 후행스팬의 표시가 당일 시세 위에 위치하면 매수시점, 아래에 위치하면 매도시점이라고 판단할 수 있습니다.

▶️ 주가를 선행하는 선, 선행스팬1과 선행스팬2 ⏱️ 2분 20초에서 바로 확인

선행스팬은 산출된 특정 값을 26일 앞으로 이동시킨 지표입니다. 선행스팬은 26일 앞에 그려지기 때문에 오늘 그려진 선행스팬은 26일 전의 주가 움직임을 토대로 만들어진 것이죠. 선행스팬은 산출하는 지표에 따라 선행스팬 1과 선행스팬 2로 구분됩니다.

① 선행스팬 1

선행스팬 1은 전환선(9일)과 기준선(26일)의 중간값을 기준으로 하기 때문에 단기적인 힘을 나타냅니다. 선행스팬 2와 비교하면 단기선에 해당하며, 60일 이동평균선과 비슷합니다.

② 선행스팬 2

선행스팬 2는 과거 52일 동안의 최고치와 최저치의 중간값을 기준으로 하기 때문에 장기적인 힘의 균형과 시세의 중심을 나타내는 이정표와 같습니다. 선행스팬 1과 비교하면 장기선에 해당하며, 100일 이동평균선 또는 120일 이동평균선과 비슷합니다.

선행스팬과 후행스팬은 시세의 변화를 일목요연하게 읽을 수 있도록 도울 뿐만 아니라 **지지선**과 **저항선의 역할**을 한다는 특징이 있습니다.

▶ 선행스팬이 만들어 낸 구름대 ⏱ 5분 40초에서 바로 확인

구름대는 선행스팬 1과 선행스팬 2 사이의 구간을 말합니다. 선행스팬 1과 선행스팬 2의 위치에 따라 양운과 음운으로 나뉩니다.

① 양운 = 선행스팬 1 〉 선행스팬 2
선행스팬 1이 선행스팬 2보다 높게 위치할 때 형성됩니다. 양운은 보통 빨간색 빗금으로 표시되며, **양운이 주가 아래 형성되면 지지선 역할**을 합니다.

② 음운 = 선행스팬 1 〈 선행스팬 2
양운과 반대로 선행스팬 2가 선행스팬 1보다 높게 위치할 때 형성됩니다. 음운은 보통 파란색 빗금으로 표시되며, 먹구름으로 불립니다. **음운이 주가 위에 형성되면 저항선 역할**을 합니다.

따라서 **주가가 구름대 위에 있으면 상승장, 아래 있으면 하락장**을 나타냅니다. 일목균형표 투자전략에서 구름대는 추세를 짚는 가장 중요한 요소입니다.

알아 두기

지지선: 주가의 저점을 이은 선입니다. 주가가 일정 수준 하락한 후 더 하락하지 않는 가격을 이은 선입니다.
저항선: 주가의 고점을 이은 선입니다. 주가가 일정 수준 상승 후 더 상승하지 못하는 가격을 이은 선입니다.

그렇다면 선행스팬과 구름대를 이용하여 언제 매수를 하는 것이 적당할까요? 선행스팬1과 선행스팬2의 위치가 바뀌는 시점일까요? 아닙니다. 이동평균선과 다르게 구름대는 **골든크로스**를 매수시점으로 판단하지 않습니다. 구름대는 오히려 매물대와 비슷합니다. **매수는 구름대가 얇아질 때를 노려야 합니다.** 매물대처럼 구름대가 얇으면 그만큼 뚫기 쉽기 때문에 추세전환의 가능성이 높습니다.

★ 매물대
관련 영상 바로 확인!

▶ **양운이 두꺼운 경우, 주가가 뚫을 수 있을까요?** ⏱ **12분 37초**에서 **바로 확인**

알아
두기

골든크로스: 단기선이 중기선을 위로 뚫고 올라가는 것으로 대개 주가 상승을 예측하여 매수신호로 해석됩니다.

매물대: 특정 기간 동안 특정 가격대에 매수와 매수가 체결된 거래량을 말합니다. 특정 가격대에 매물이 많이 쌓여 있다는 말은 그 가격대에 지지와 저항의 역할을 한다는 의미로 해석됩니다.

구름대는 양운이든 음운이든 얇은 게 좋습니다. 음운은 최악이지만 양운은 그나마 정배열이 나타납니다. 일목균형표의 정배열은 위에서부터 주가, 전환선, 기준선, 선행스팬 1, 선행스팬 2 순으로 배열된 상태죠. 정배열일 때, 기존의 추세가 더욱 강해지기 때문에 주가를 뚫을 확률이 높아집니다.

사실 양운을 뚫는 것보다 양운이 밑에서 받쳐주고 주가가 위에서 움직이는 것이 더욱 좋습니다. 아직 차트상에서 주가의 흐름이 완성되지 않았지만 A에서처럼 주가가 하락한다고 가정해 보겠습니다. **양운이 밑에서 받쳐주는 경우에는 주가가 떨어지더라도 양운에 지지를 받아 반등할 수 있습니다.**

주가가 구름대 아래에 위치할 때 매수해서는 안 됩니다. 음운이 두껍고 길게 나타나면 뚫기 어렵습니다. 이때는 음운이 얇아질 때까지 기다렸다가 구름대를 뚫는 자리에서 매수하는 것이 좋습니다.

 챕터 포인트 ✅

① 후행스팬은 차트에서 고점과 바닥을 찾거나 주가의 방향성을 파악하는 데 유용합니다.

② 선행스팬 1, 선행스팬 2는 시세 파악에 유리하며, 각각 지지선과 저항선의 작용을 합니다.

③ 구름대는 선행스팬 1과 선행스팬 2로 이루어진 구간으로, 선행스팬 1이 위에 있으면 양운, 선행스팬 2가 위에 있으면 음운입니다.

④ 구름대가 얇은 구간이 매수 포인트입니다.

⑤ 양운이 밑에서 받쳐주는 경우에는 주가가 떨어지더라도 양운의 지지를 받아 반등할 수 있습니다.

챕터 40.

일목균형표 최종.mp4 복잡한 건 싫다!
이걸로 게임 끝!

오래 달려오셨습니다. 드디어 일목균형표 마지막 시간입니다! 챕터 38에서는 일목균형표의 개요와 전반적인 이해를, 챕터 39에서는 선행스팬과 후행스팬, 구름대에 대해 배웠습니다. 이번 마지막 시간에는 앞서 배운 내용을 차트에서 확인하고, 기본수치와는 다른 개념인 대등수치에 대해 알아보겠습니다. 마지막까지 집중하여 일목균형표를 완벽 마스터하기 바랍니다!

이상우
이상투자그룹
현) 수석 전문가

▶ **일목균형표 매매법을 차트에 적용해봅시다** ⏱ **7분 30초**에서 바로 확인

① 성창오토텍

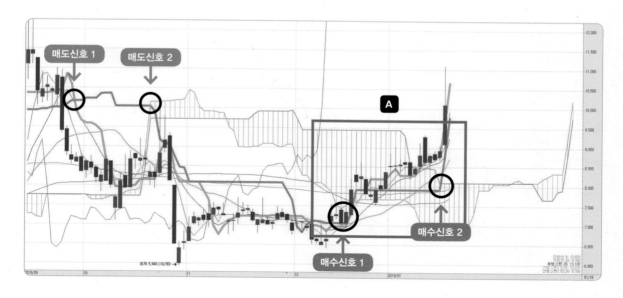

이동평균선과 일목균형표를 추가한 차트입니다. 일목균형표를 통해 무엇을 확인해야 할까요?

첫째, 구름대를 확인해야 합니다. 앞 챕터에서 구름대는 매물대와 같다고 말씀드렸습니다. **구름대가 얇은 부분은 상대적으로 저항이 약하기 때문에 주가가 뚫고 올라가기 쉽습니다.** 따라서 **구름대가 얇은 부분을 찾고, 주가가 뚫고 올라가는지 확인한 후에 매수해야 합니다.** 차트를 보면 음운이 두꺼워지다가 다시 얇아지는 모습이 보이죠? 주가는 상대적으로 얇은 부분(A)을 관통하고 올라갑니다. 이 부분도 결코 얇지 않지만 돌파하는 힘이 강했기 때문에 구름대를 뚫고 엄청난 상한가를 찍을 수 있었습니다. 물론 더 얇은 부분을 뚫고 올라갔다면 주가는 더욱 가파르게 상승했겠죠.

둘째, 전환선(굵은 하늘색 선)과 **기준선**(굵은 분홍색 선)을 확인해야 합니다. 기준선은 무게중심과 같습니다. 기준선에 따라 전체적인 추세가 바뀔 수 있는 것이죠. **위에 있던 전환선이 기준선을 뚫고 내려갈 때**(매도신호 1)와 **기준선이 하락하는 변곡점**(매도신호 2)이 나타난다면 매도신호로 봐야 합니다. 반대로 **밑에 있던 기준선이 전환선을 뚫고 올라갈 때**(매수신호 1)와 **기준선이 상승하는 변곡점**(매수신호 2)은 **매수신호로** 봅니다.

② 제이엔케이히터

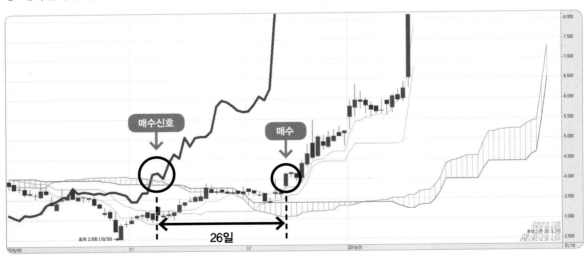

여러분의 이해를 돕기 위해 일목균형표만 추가한 제이엔케이히터 차트입니다. **후행스팬**(보라색 선)이 **전환선과 기준선뿐만 아니라 선행스팬까지 돌파하면 급등이 나올 수 있기 때문에 매수신호로 판단합니다.** 쉽게 말해, 현재의 매수 타이밍을 26일 전 위치에 있는 후행스팬을 보고 판단하는 것이죠. 위 차트에서

후행스팬이 선행스팬까지 돌파하는 시점에 매수를 했다면, 엄청난 수익을 낼 수 있었을 것입니다.

▶ 새로운 개념, 대등수치의 등장! ⏱17분 3초에서 바로 확인

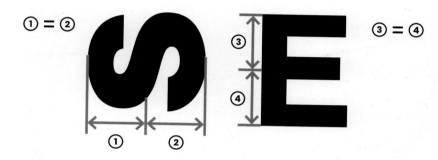

기본수치는 숫자를 기준으로 주가 변화일을 파악하지만, **대등수치는 시간관계 또는 가격관계를 기준으로 합니다. 과거 주가의 움직임과 대등하게 주가가 움직인다는 논리입니다.** 예를 들어 주가가 N일 동안 하락(상승)했다면, 이후에 N일 동안 상승(하락)한다는 것이죠. N일 동안 하락하고 바로 이어서 N일 동안 상승하는 경우도 있지만, 중첩되거나 간극을 두고 나타나는 경우도 있습니다. 대등수치는 S형, E형이 많이 나타나고, 이외에도 V형, N형, P형, I형 등이 있습니다.

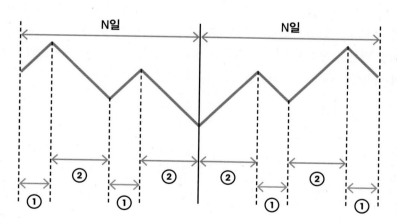

주가의 대등수치를 간단하게 설명하면, 위 그림과 같습니다. 과거 주가의 움직임과 대등하게 움직이는 주가의 움직임이 보이죠. ① 구간의 길이가 모두 같고, ② 구간의 길이가 모두 같습니다. 가운데를 기준으로 좌우가 N일로 대등하게 움직입니다. 차트상에서 캔들은 일정한 간격으로 나타나기 때문에 구간의 길이가 같다면 기간도 같음을 알 수 있습니다.

▶ **차트에서 보는 대등수치!** ⏱ **19분 45초**에서 바로 확인

① 삼표시멘트

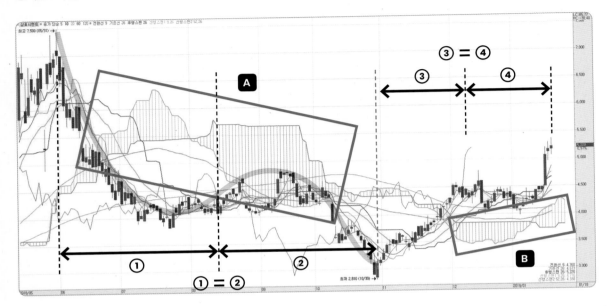

차트를 보면, 빨간색 점선을 기준으로 좌우에 S자형 대등수치가 보입니다. 왼쪽의 대등수치에서는 ①
구간과 ② 구간이, 오른쪽의 대등수치에서는 ③ 구간과 ④ 구간이 거의 비슷하게 나타납니다. **대등수치가
S자를 그리며 하락할 때는 선행스팬(A)이 주가 위에 있고, 상승할 때는 선행스팬(B)이 주가 아래 있습니다.**
선행스팬과 주가의 위치를 통해 추세를 파악할 수 있는 것이죠.

② 디피씨

차트에서 고점과 저점을 이어 연결한 뒤 중간 지점을 찾습니다. 중간 지점에서는 주가가 고가놀이(A) 하는 것을 볼 수 있죠. **고가놀이** 지점을 기준으로 저점까지의 길이와 고점까지의 길이가 같으며, E자 모양의 대등수치가 나타납니다. 저점에서 고가놀이 구간까지 상승한 만큼, 고가놀이 구간에서부터 추가 상승이 이뤄진 것입니다. 이처럼 **대등수치를 활용하면 신뢰도 높은 목표 가격이나 보유기간을 설정할 수 있습니다.**

저는 고가놀이가 나타나는 구간과 올라가는 지점, 과거 차트에서 고가놀이를 한 기간까지 파악하여 일수를 계산합니다. 보통 고가놀이는 3, 7, 9, 11, 13, 15일 동안 발생하는 경우가 많죠. 이전에 나타났던 대등수치를 적용하여 앞으로 고가놀이가 얼마나 나타날 것인지 예측하는 것입니다. 예를 들어 과거에 고가놀이가 7일간 나타났다면, 앞으로의 고가놀이도 7일 나타날 가능성이 높은 것이죠.

알아두기

고가놀이: 주가가 오른 상태에서 출렁이는 것을 말하며, 보통 기간조정이라고 합니다. 기간조정이 단기성인 경우엔 3~5일, 중장기성은 7~10일, 장기성은 20일까지 될 수 있습니다.

③ 우수AMS

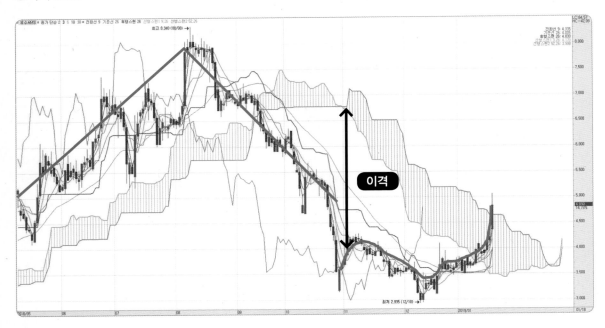

왼쪽에는 뒤집어진 V형 대등수치가, 오른쪽은 S형 대등수치가 나타납니다. 음운(파란색 빗금)이 시작되는 부분에 선행스팬과 주가의 이격이 크게 나타납니다. 이격도가 크면 조정이 이뤄져 주가와의 폭이 줄어듭니다. 구름대가 내려오면서 점점 두꺼워지는 것이 보이죠? 구름대가 두꺼울수록 주가가 돌파하고 올라가기 힘듭니다. 위 차트에서 주가가 구름대를 많이 뚫고 올라왔지만 완전히 벗어나진 못했습니다. 이런 경우에는 **구름대를 완전히 벗어나 상승추세를 이어가는지 지켜본 후 매매하는 것이 좋습니다.**

⭐ **챕터 포인트** ✅
---

① 위에 있던 전환선이 기준선을 뚫고 내려갈 때와 기준선이 하락하는 변곡점이 나타난다면 매도신호로 봐야 합니다. 반대로 밑에 있던 기준선이 전환선을 뚫고 올라갈 때와 기준선이 상승하는 변곡점은 매수신호로 봅니다.

② 대등수치는 시간관계 또는 가격관계를 기준으로 하며, 과거 주가의 움직임과 대등하게 현재 주가도 움직인다는 논리입니다.

③ 대등수치를 활용하면 신뢰도 높은 목표 가격이나 보유기간을 설정할 수 있습니다.

개미들을 위한 주식 격언

"큰 성공 후에 충분한 휴식을 취해야 한다."

주가는 예측하기 어렵다. 주식투자는 적정선에서 이익을 실현한 후 조금 이르게 빠져나오는 자세가 필요하다. 투자에 성공했음에도 더 큰 성공을 원하면 마음이 조급해질 수 있다. 바로 이것을 조심해야 한다. 충분한 휴식을 취하면서 마음을 가다듬고 새롭게 투자를 하는 것이 좋다. 큰 성공을 거두었다면 잠시 한 호흡 쉬어 가야 한다.

"악재가 반영되지 않으면 팔지 말아야 한다."

시장에 악재가 나왔지만 주가 하락으로 반영되지 않는다면, 비록 적극적으로 매수하지는 않더라도 성급히 매도해서는 안 된다. 이런 경우는 시장 기조가 매우 강하다고 해석할 수 있으며, 향후 조정이 이뤄지더라도 급락보다는 단기 저항대에서의 매물 부담을 희석시키는 과정이 될 가능성이 높다고 볼 수 있습니다.

"달걀은 한 바구니에 담지 말아야 한다."

주식시장에서는 성격이 서로 다른 주식이 거래된다. 자산주, 성장주, 저가부실주 등은 패턴이나 움직임이 전혀 다르며, 업종별로도 주가의 움직임은 서로 다르다. 종목 선택에 있어 소수의 종목에 집중하면 성공적인 투자 시 이익도 크지만, 반대의 경우에는 위험 부담이 크다. 달걀을 한 바구니에 담았다가 떨어뜨리면 다 깨질 수 있다. 전부를 얻으려다가 가진 모두를 잃을 수도 있다는 의미이다. 따라서 소수의 종목보다는 적당하게 분산투자하는 것이 종목 선택의 기본이다.

"나눠서 사고, 나눠서 팔아야 한다."

모든 투자자는 시세에 대한 100% 확신을 가질 수 없다. 나눠서 매매함으로써 시장의 변화를 살피고, 유동성 있게 대처하며 매매를 조정할 수 있다.

"자기 집을 마련한 다음 주식투자를 해야 한다."

미국 월가에서 건너온 격언으로 주식은 여유자금으로 해야 한다는 말이다. 일부 개인투자자들은 집을 마련한 다음 주식투자를 하는 것이 아니라 집을 마련하기 위한 수단으로 주식투자를 하거나 심지어 돈을 빌려서 하는 경우도 있다. 이러한 경우에는 객관적인 투자 관점을 가질 수 없다. 마음이 급해지고, 수익률과 시간에 쫓기다가 낭패를 보기 십상이다. 주식은 안정적이고 여유 있는 상황에서 냉정하고 신중한 투자를 할 수 있는 것이다.

9일 차 ~ 10일 차 유튜브 흐름타기

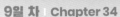

9일 차 | Chapter 34

- ▶ 지피지기면 백전백승! 상한가의 종류부터 알자
- ▶ 상한가면 아무 상한가에나 진입해도 된다?
- ▶ 상한가를 공략하기 위해 지지라인을 분석하자!
- ▶ 상한가 2탄 맛보기! 상한가 매매법의 팁을 드립니다

9일 차 | Chapter 35

- ▶ 공매도를 모르면 개미는 이길 수 없다
- ▶ 우리나라 공매도의 문제점은 무엇인가요?
- ▶ 공매도를 이용해 수익을 내는 전략!
- ▶ 차트로 보는 공매도와 숏 커버링!

9일 차 | Chapter 33

- ▶ 턴어라운드 한 기업의 주식은 무조건 우량주가 된다?
- ▶ 우량주 매매의 조건 1. 수급 동향!
- ▶ 우량주 매매의 조건 2. 차트!
- ▶ 우량주 매매의 조건 3. 거래량!
- ▶ 실전! 급등할 우량주 찾기

9일 차 | Chapter 36

- ▶ 당일평균선이 뭔가요?
- ▶ 3−130 기법의 자리를 찾아라!
- ▶ 3−130 기법의 매매 포인트를 공개합니다!

전체 영상 재생목록

10일 차 | Chapter 37

- ▶ 사케다기법 1. 삼산
- ▶ 사케다기법 2. 삼천
- ▶ 사케다기법 3. 삼공
- ▶ 사케다기법 4. 삼병
- ▶ 사케다기법 5. 삼법
- ▶ 실제 차트로 확인!

10일 차 | Chapter 39

- ▶ 주가의 방향성을 파악하기 유리한 후행스팬
- ▶ 주가를 선행하는 선, 선행스팬1과 선행스팬2
- ▶ 선행스팬이 만들어 낸 구름대
- ▶ 양운이 두꺼운 경우, 주가가 뚫을 수 있을까요?

10일 차 | Chapter 40

- ▶ 일목균형표 매매법을 차트에 적용해봅시다
- ▶ 새로운 개념, 대등수치의 등장!
- ▶ 차트에서 보는 대등수치!

9~10 일차

10일 차 | Chapter 38

- ▶ 시간 개념까지 포함된 일목균형표
- ▶ 왜 9(전환선)와 26(기준선)일까? 의미는 무엇일까?
- ▶ 이동평균선과 일목균형표의 전환선, 기준선은 같다?
- ▶ 기준선을 활용한 매매법 5가지!
- ▶ 일목균형표의 핵심! 후행스팬 맛보기